U0742711

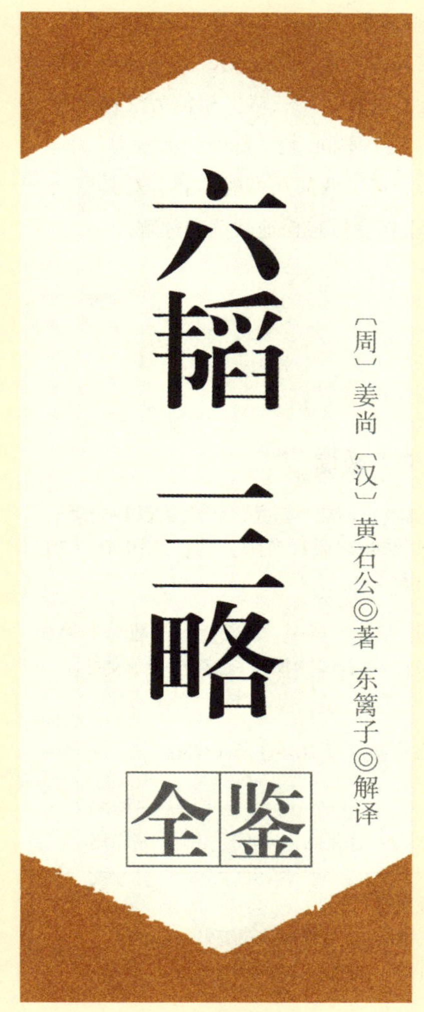

六韬 三略 全鉴

〔周〕姜尚 〔汉〕黄石公◎著
东篱子◎解译

中国纺织出版社有限公司 | 国家一级出版社
全国百佳图书出版单位

内容提要

《六韬》、《三略》是反映我国古代军事思想的重要著作。《六韬》又称《太公六韬》、《太公兵法》，是一部集先秦黄老道家军事思想之大成的著作。《三略》相传为汉初道家隐士黄石公所著，它与前代兵书不同，是一部专论战略的兵书，尤其侧重阐述政略。本书汇集了两部兵书的内容，对其原文进行了注释和翻译，有助于作者更轻松地阅读和理解。

图书在版编目（CIP）数据

六韬　三略全鉴：珍藏版 /（周）姜尚，（汉）黄石公著；东篱子解译. --北京：中国纺织出版社有限公司，2019.10（2024.12 重印）

ISBN 978－7－5180－6661－2

Ⅰ. ①六…　Ⅱ. ①姜…　②黄…　③东…　Ⅲ. ①兵法—中国—古代　②《六韬》—译文　③《三略》—译文　Ⅳ. ①E892.2

中国版本图书馆CIP数据核字（2019）第192561号

策划编辑：于磊岚　　责任校对：韩雪丽　　责任印制：储志伟

中国纺织出版社有限公司出版发行
地址：北京市朝阳区百子湾东里 A407 号楼　邮政编码：100124
销售电话：010—87155894　传真：010—87155801
http：//www.c-textilep.com
E-mail：faxing@c-textilep.com
中国纺织出版社天猫旗舰店
官方微博 http://weibo.com/2119887771
北京华联印刷有限公司印刷　各地新华书店经销
2019 年 10 月第 1 版　2024 年 12 月第 5 次印刷
开本：710×1000　1/16　印张：20
字数：168 千字　定价：68.00 元

前言

《六韬》和《三略》均为我国古代重要的军事著作，是反映我国古代军事思想的代表作。

《六韬》又称《太公六韬》、《太公兵法》，最早明确收录此书的是《隋书·经籍志》，题为“周文王师姜望撰”，姜望就是姜太公吕望（姜子牙）。此外，后世人不断对作品创作时间提出质疑，现代普遍认为此书大致创作于战国时期。

《六韬》内容博大精深，思想精邃富赡，逻辑缜密严谨。全书以姜太公与周文王、周武王对话的形式编写而成，涉及治国、用兵、战术等各个方面，对指导战争的理论和原则进行了详细论述，其中最精彩的部分是它的战略论和战术论，对后世的军事思想产生了极大的影响，被誉为兵家权谋类的始祖。

司马迁《史记·齐太公世家》称："故后世之言兵及周之阴权，皆宗太公为本谋。"北宋神宗元丰年间，《六韬》被列为《武经七书》之一，为武学必读之书。《六韬》在16世纪传入日本，18世纪传入欧洲，现今已翻译成日、法、朝、越、英、俄等多种文字。由此可以看出,《六韬》在我国乃至世界军事典籍中的地位都是十分重要的。

《六韬》包含文韬、武韬、龙韬、虎韬、豹韬、犬韬六卷,共六十篇,近二万字。卷一《文韬》有《文师》、《盈虚》、《国务》、《大礼》、《明传》、《六守》、《守土》、《守国》、《上贤》、《举贤》、《赏罚》、《兵道》十二篇,主要讲治国用人的方法;卷二《武韬》有《发启》、《文启》、《文伐》、《顺启》、《三疑》五篇,主要讲治理天下、夺取天下的方法;卷三《龙韬》有《王翼》、《论将》、《选将》、《立将》、《将威》、《励军》、《阴符》、《阴书》、《军势》、《奇兵》、《五音》、《兵征》、《农器》十三篇,主要讲军事用人、军事指挥、将帅才干及用兵作战的方法;卷四《虎韬》有《军用》、《三陈》、《疾战》、《必出》、《军略》、《临境》、《动静》、《金鼓》、《绝道》、《略地》、《火战》、《垒虚》十二篇,主要讲武器装备、布阵、探知情报、特殊条件及情况下作战的方法;卷五《豹韬》有《林战》、《突战》、《敌强》、《敌武》、《鸟云山兵》、《鸟云泽兵》、《少众》、《分险》八篇,主要讲在各种特殊地形、特殊情况中作战的方法;卷六《犬韬》有《分合》、《武锋》、《练士》、《教战》、《均兵》、《武车士》、《武骑士》、《战车》、《战骑》、《战步》十篇,主要讲士兵如何选拔训练、各种兵种如何配合作战以发挥军队效能等问题。

《三略》原称《黄石公三略》,相传作者为秦汉时期的隐士黄石公,最早提及此书的是史学家司马迁。

司马迁《史记·留侯世家》称:张良刺杀秦始皇未成功,遭到追捕，被迫躲藏于下邳（今江苏邳县）。他在这里遇见一位老者，授其一部《太公兵法》（也有人说是《黄石公三略》）。张良得书后精心钻研，帮助刘邦取得天下，建立了大汉政权。但据考证，《黄石公三略》的成书不早于西汉中期，它是后人在吸收先秦优秀军事思想的基础上，总结秦汉初政治统治和治军用兵的经验，假托前人名义编纂而成。

《三略》是我国古代第一部专论战略的兵书，糅合了诸子各家的思想，其中包括儒家的仁、义、礼，法家的权、术、势，墨家的尚贤，道家的重柔等等。与前代兵书不同的是，该书侧重于从政治策略上阐明治国用兵的道理。

同《六韬》一样，《三略》也于北宋神宗元丰年间被《武经七书》编入，成为世界各国将领必读的兵书之一。

《三略》分上略、中略、下略三个部分，里面大量引用古代兵书《军谶》、《军势》中的内容来表达自己的思想，因而为后人保留了这两部已佚兵书的部分精华。《上略》字数占全书的一半以上，是全书的主要部分，内容可概括为“设礼赏，别奸雄，著成败”，主要讲收揽人心的重要性，强调民本和兵本思想，此外，还有对将帅的要求，以及举贤除恶，辨别奸雄；《中略》的内容可概括为“差德行，审权变”，主要讲军队的统率和用人，君臣的德行和威严以及霸者的权术；《下略》的内容可概括为“陈道德，察安危，明贼贤之咎”，主要讲仁德、求贤尊贤以及让民众安宁顺服的重要作用。

本书在校译之时参考了多个版本，力求做到注释详细准确，译文通俗易懂，并且在每篇的开头设有题解模块，使文章的意思一目了然，以方便读者阅读。此外，本书还收入两篇附录作为资料补充，分别为《姜太公传略》和《黄石公传略》，帮助读者了解姜太公和黄石公的生平经历。

本书平装本自出版以来，广受读者欢迎和喜爱。为满足大家的收藏、馈赠需要，现特以精装形式推出，敬请品鉴。

解译者

2019 年 7 月

目录

六韬

卷一　文韬

卷二　武韬

卷三　龙韬

卷六　犬韬

三略

六韬

卷一　文韬

《文韬》有《文师》、《盈虚》、《国务》、《大礼》、《明传》、《六守》、《守土》、《守国》、《上贤》、《举贤》、《赏罚》、《兵道》十二篇，主要讲治国用人的方法，各自详细论述了以下主题：如何使天下归心、国家兴衰在于君主贤明与否、爱民的治国方略、君臣间的行为准则、能够延传子孙的治国之道、何为“六守”和“三宝”、如何守卫国土政权、如何依照天时规律治理百姓、何为“六贼”和“七害”、“举贤而不获其功”的原因、如何达到“赏一以劝百，罚一以惩众”的效果、用兵的四项原则。

文师

【题解】

本篇提出的重要观点是：“天下非一人之天下，乃天下之天下也。同天下之利者，则得天下；擅天下之利者，则失天下。”意思是

说，天下不是一个人的天下，而是天下人的天下。能同天下人分享利益的人，才能得到天下；独占天下利益的人，就会失掉天下。这个观点向我们揭示了商朝为何失去人心、最终灭亡，而周朝为何收揽人心、赢得天下。

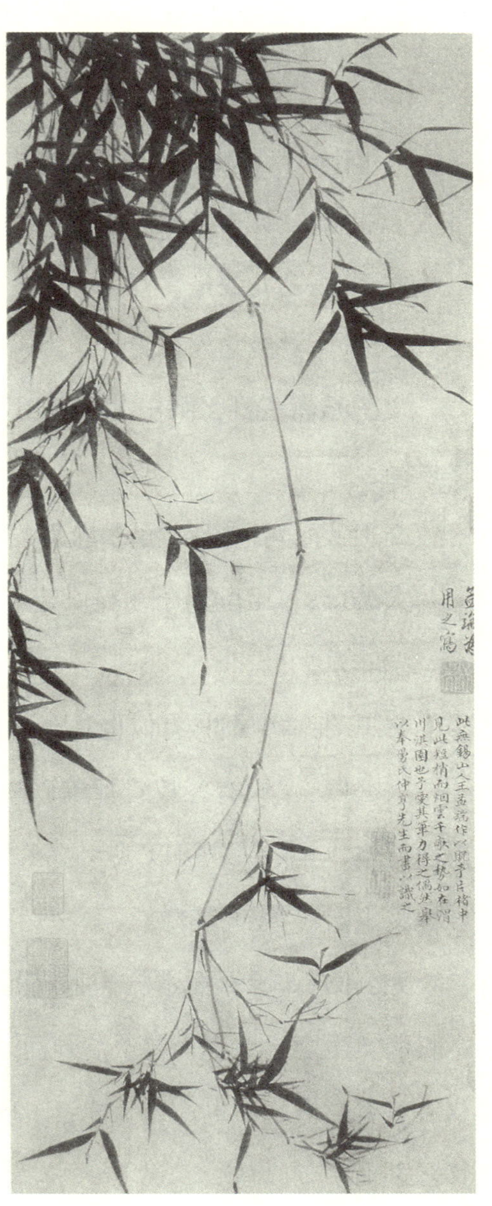

开篇讲述的是周文王打猎，遇到在河边垂钓的姜太公，并拜其为师的故事。姜太公以钓鱼一事举例，论述了用人的三种权术，接着又指出商王朝的强盛只不过徒有其表，实际已经腐朽不堪；而默默无闻的周，其光华却能普照四方。周只要凝聚人心，时机一到便可推翻商朝，取而代之。

当周文王提问如何使天下归心时，姜太公提出了“天下非一人之天下，乃天下之天下也”的重要观点，要使天下归心，就必须从“仁”、“德”、“义”、“道”几个方面去做。

总的来说，本篇提出了一个战略目标，即夺天下，又提出了如何实现这一目标的方法，此为周灭商的重要决策纲领。

【原文】

文王将田[①]，史编布卜[②]曰：“田于渭阳[③]，将大得焉。非龙、非螭[④]，非虎、非罴[⑤]。兆得公侯，天遣[⑥]汝师。以之佐昌，施及三王。”

文王曰：“兆致是乎？”

史编曰：“编之太祖史畴，为禹占，得皋陶[⑦]，兆比于此。”

文王乃斋三日，乘田车，驾田马，田于渭阳，卒[⑧]见太公，坐茅以渔。

文王劳而问之曰：“子乐渔也？”

太公曰：“臣闻君子乐得其志，小人乐得其事。今吾渔甚有似也，殆非乐之也。”

文王曰：“何谓其有似也？”

太公曰：“钓有三权：禄等以权，死等以权，官等以权。夫钓以求得也，其情深，可以观大矣。”

文王曰：“愿闻其情。”

太公曰：“源深而水流，水流而鱼生之，情[⑨]也；根深而木长，木长而实生之，情也；君子情同而亲合，亲合而事生之，情也。言语应对者，情之饰也；言至情者，事之极也。今臣言至情不讳，君其恶之乎？”

文王曰："惟仁人能受至谏，不恶至情，何为其然？"

太公曰："缗[10]微饵明，小鱼食之；缗调饵香，中鱼食之；缗隆饵丰，大鱼食之。夫鱼食其饵，乃牵于缗；人食其禄，乃服于君。故以饵取鱼，鱼可杀；以禄取人，人可竭[11]；以家取国，国可拔；以国取天下，天下可毕。呜呼！曼曼绵绵[12]，其聚必散；嘿嘿昧昧[13]，其光必远。微哉！圣人之德，诱乎独见。乐哉！圣人之虑，各归其次，而树敛[14]焉。"

文王曰："树敛若何，而天下归之？"

太公曰："天下非一人之天下，乃天下之天下也。同天下之利者，则得天下；擅[15]天下之利者，则失天下。天有时，地有财，能与人共之者，仁也；仁之所在，天下归之。免人之死，解人之难，救人之患，济人之急者，德也；德之所在，天下归之。与人同忧、同乐、同好、同恶者，义也；义之所在，天下赴之。凡人恶死而乐生，好德而归利，能生利者，道也；道之所在，天下归之。"

文王再拜曰："允[16]哉，敢不受天之诏命乎！"乃载与俱归，立为师。

【注释】

①田：同"畋"（tián），打猎。

②史编：名叫"编"的太史。布卜：陈龟而灼剥之，视龟兆的纵横来占卜。布，陈。

③渭阳：渭水的北岸。阳，山的南面或水的北面。

④螭（chī）：龙生九子之一，一种没有角的龙。

⑤罴（pí）：棕熊。

⑥遣：赠与。

⑦皋陶（gāo yáo）：与尧、舜、禹齐名的“上古四圣”之一。帮助舜掌管刑法，后又辅佐禹，以正直闻名天下。

⑧卒：终于。

⑨情：道理。

⑩缗（mín）：钓丝。

⑪竭：用尽。

⑫曼曼绵绵：幅员广阔绵延。曼曼，同“漫漫”。

⑬嘿嘿昧昧：寂然无声，不显于外。嘿嘿，同“默默”。

⑭敛：收拢，聚集，凝聚。

⑮擅：独揽，占有。

⑯允：诚然。

【译文】

周文王将要外出狩猎，命令一位名为“编”的太史占卜吉凶，太史编卜完禀奏道：“您这次到渭河的北面狩猎，可以获得巨大的收获。所获得的不是龙，不是螭，不是虎，也不是熊，而是一位公侯之才。那个人是上天赐给您的老师，可以辅佐您，让您的事业蒸蒸日上，而且您的三代继承人都能受益。”

周文王问："占卜结果真的这么好吗？"

太史编回答说："我的先祖太史畴曾经为禹占卜，结果得到皋陶这样的贤才，今天占卜所得的征兆与那天的很相似。"

周文王于是斋戒三天，乘上狩猎车马，到渭水北岸打猎，终于见到了姜太公。当时姜太公正坐在生满茅草的河边垂钓。

周文王上前致意，接着询问道："先生喜欢钓鱼？"

姜太公说："我听闻君子以实现自己的抱负为乐，而普通人以做好自己愿意做的事情为乐。如今我在此钓鱼，跟这个道理很是相似，并非喜欢钓鱼本身。"

周文王问："如何说二者之间相似呢？"

姜太公回答："钓鱼好比用人，体现了三种权术的运用。用厚禄招纳人才，这是用饵钓鱼的权术；用重金收买死士，也是用饵钓鱼的权术；将官爵授予臣子，使其效忠，同样是用饵钓鱼的权术。垂钓和求贤都是为了有所收获，其中的道理十分深邃，我们从中可以看到治理国家的大道理。"

周文王说："我愿意听听这里面的道理。"

姜太公说："水的源流深，水就能畅流不息，这样鱼儿就能生存，这是自然的道理；树的根须深，树木就长得高大茂盛，这样就能结出果实，这也是自然的道理；君子之间若是情投意合，就能亲密合作，事业就能成功，这还是自然的道理。言语之间的交流应对，是用来掩饰真情的，能说真情实话，便能了解事情的极理。现在我说的都是肺腑至情之言，毫不避讳，您觉得反感吗？"

周文王说："有仁德的人就能接受最直率的规谏，不厌恶肺腑至情之言，我怎么会反感您的话呢？"

姜太公说："钓丝纤细，鱼饵明显，小鱼就会咬钩；钓丝适中，鱼饵味香，中等大小的鱼就会咬钩；钓丝粗长，鱼饵丰盛，大鱼就会咬钩。鱼一旦贪吃饵料，就会被钓丝牵住；人一旦拿了君主的俸禄，就会服从君主的命令。所以用饵钓鱼，鱼便可以捕获；用爵禄网罗人才，人才就能尽为君主所用；以家为基础取国，就能夺得国家；以国为基础取天下，就能征服天下。可叹啊！土地广大，国土

绵延，常常虚有其表，它所积聚起来的东西，终会散去；而那些看似无声无息，不显露于外的，其光芒必将普照四方。微妙啊！圣人的仁德，就在于独到且潜移默化地收揽人心。喜悦啊！圣人所思虑的事情，就是使天下人人各得其所，人心得以凝聚。”

周文王问道：“怎么样才能让天下归心呢？”

姜太公回答说：“天下不是一个人的天下，而是天下人的天下。能同天下人共同分享利益的，才能得到天下；独占天下利益的，就会失掉天下。天有四季，地有财富，能和天下人共同享用的，就是仁爱；仁爱所在的地方，便是天下人争相归附之处。免除人们的死亡，解救人们的危难，消除人们的祸患，接济人们的急需，就是恩德；恩德所在的地方，便是天下人争相归附之处。和人们同忧同乐，同好同恶的，就是道义；道义所在的地方，

便是天下人争相归附之处。人们都厌恶死亡，向往生存，喜欢恩德，追逐利益，能为天下人谋求利益的，就是王道；王道所在的地方，便是天下人争相归附之处。”

周文王再次拜谢后说："先生讲得太好了，我怎么敢不接受上天的旨意！"于是把姜太公请上车，一起回到国都，拜他为老师。

盈虚

【题解】

继上一篇"天下归心"的观点后，本篇论证了为何一个朝代、一个国家会有兴衰之变，而其答案就在于君主是否贤明。"君不肖，则国危而民乱；君贤圣，则国安而民治。"

接下来，姜太公举了古时贤君尧的例子，说尧帝生活节俭、减少徭役、重视农桑、奖惩有制、公正无私，他的这些德行赢得了百姓的敬仰和爱戴。作为君主应当以尧帝为表率。

【原文】

文王问太公曰："天下熙熙①，一盈一虚②，一治一乱，所以然者何也？其君贤不肖③不等乎？其天时变化自然乎？"

太公曰："君不肖，则国危而民乱；君贤圣，则国安而民治。祸福在君，不在天时④。"

文王曰："古之圣贤，可得闻乎？"

太公曰："昔者帝尧之王⑤天下，上世所谓贤君也。"

文王曰："其治如何？"

太公曰："帝尧王天下之时，金银珠玉不饰，锦绣文绮不衣，奇怪珍异不视，玩好之器不宝，淫佚之乐不听，宫垣屋室不垩[6]，甍桷椽楹[7]不斫，茅茨遍庭不剪。鹿裘御寒，布衣掩形，粝粱[8]之饭，藜藿[9]之羹。不以役作之故，害民耕织之时，削心约志，从事乎无为。吏忠正奉法者，尊其位；廉洁爱人者，厚其禄。民有孝慈者，爱敬之；尽力农桑者，慰勉之。旌别淑慝[10]，表其门闾。平心正节，以法度禁邪伪。所憎者，有功必赏；所爱者，有罪必罚。存养天下鳏寡孤独，赈赡祸亡之家。其自奉也甚薄，其赋役也甚寡，故万民富乐而无饥寒之色。百姓戴其君如日月，亲其君如父母。"

文王曰："大哉！贤君之德矣。"

【注释】

①熙熙：纷扰。

②盈：充满。虚：空虚。盈虚指盛衰。

③不肖：不贤。

④天时：天命。

⑤王：统治。

⑥垩（è）：用白色涂料粉刷墙壁。

⑦甍（méng）：屋脊。桷椽（jué chuán）：屋梁上用于承受草或瓦的木条。楹：堂屋前部的柱子。

⑧粝粱：糙米。

⑨藜藿：野菜。

⑩旌别：识别。淑慝（tè）：善恶。

【译文】

周文王问太公说："天下纷纷扰扰，有时昌盛，有时衰弱，有时安定，有时混乱，为什么会是这样？是君主的贤明与不贤造成的，还是天命变化自然演变的结果呢？"

姜太公回答说："君主如果不贤明，国家就会危难，民众就会叛乱；君主如果贤明，国家就会安定，民众就会顺服。因此，一个国家的祸福在于其君主的贤与不贤，而并不在天命的变化。"

周文王问道："古时

贤明之君的事迹，可以讲给我听听吗？”

姜太公说：“从前尧统治天下的时候，上古的人们都称道他是贤君。”

周文王问道：“他是怎么治理国家的？”

姜太公说：“尧统治天下的时候，不佩戴金银珠玉，不穿锦绣华服，不观赏奇珍异宝，不收藏古玩宝器，不听淫靡的音乐，不粉饰宫墙房屋，不雕琢房梁楹柱，不修剪庭院茅草。用鹿裘御寒，用粗布蔽体，吃糙米饭，喝野菜汤。不因征发徭役而耽误百姓耕织的时间，约束自己的欲望，用清静无为的思想治理国家。对于忠正守法的官员，升高他们的官位；对于廉洁爱民的官员，增加他们的俸禄。民众中如果有孝敬长辈、爱护晚辈的人就给予敬重，对于尽心尽力从事农桑工作的人就给予勉励慰问。识别善恶好坏，表彰善良人家。凭公正无私的原则处理事情，用法律制度约束邪恶作假的行为。对于有功的人，哪怕自己厌恶，也一定要给予奖赏；对于有罪的人，哪怕自己喜爱，也一定要加以惩罚。赡养天下鳏寡孤独之人，赈济遭受天灾人祸的家庭。尧给予自己的俸禄十分微薄，也很少向百姓征收赋税劳役。因此，天下的百姓安乐富足，无饥无寒。百姓拥戴他如同景仰日月那般，亲近他如同亲近父母。”

周文王说：“贤君的德行实在是伟大啊！”

国务

【题解】

本篇阐述了治国的方略，即国务，具体来说就是爱民。原则就是不要损害百姓的利益，不要毁坏百姓的家园，不要肆意杀害百姓，不要让百姓受苦，不要让百姓怨恨。对待百姓要像父母爱子女，兄长爱弟妹一样。

【原文】

文王问太公曰："愿闻为国之大务。欲使主尊人安，为之奈何？"

太公曰："爱民而已。"

文王曰："爱民奈何？"

太公曰："利而勿害，成而勿败，生而勿杀，与而勿夺，乐而勿苦，喜而勿怒。"

文王曰："敢请释其故。"

太公曰："民不失务，则利之；农不失时，则成之；省刑罚，则生之；薄赋敛①，则与之；俭宫室台榭，则乐之；吏清不苛扰，则喜之。民失其务，则害之；农失其时，则败之；无罪而罚，则杀

之；重赋敛，则夺之；多营宫室台榭以疲民力，则苦之；吏浊苛扰，则怒之。故善为国者，驭[②]民如父母之爱子，如兄之爱弟。见其饥寒，则为之忧；见其劳苦，则为之悲；赏罚如加于身，赋敛如取己物。此爱民之道也。”

【注释】

①赋敛：田赋，税收。

②驭：统治，治理。

【译文】

周文王问姜太公：“我想听您讲一讲治国的方略。要想使君主受到尊崇，百姓安居乐业，应该怎么实现？”

姜太公回答："只要爱民就行了。"

周文王又问："如何爱民呢？"

姜太公回答说："为百姓谋利而不是损害他们的利益，安抚百姓的家业而不是毁坏他们的家业，保障百姓的生存而不要滥杀无辜，给予百姓实惠而不要侵占掠夺，使百姓安居乐业而不要让他们蒙受痛苦，让百姓高兴而不要激起他们的愤怒。"

周文王说："请您解释一下其中的道理。"

姜太公说："百姓不失去职业生计，就是得到利益；农民不耽误农时，田里就有收成；减少刑罚，就是保障了百姓的生存；减轻赋税，就是给予百姓实惠；少修建亭台楼阁，百姓就能安居乐业；官吏清廉不狠虐盘剥，百姓就高兴。反之，让百姓失去生计，就是损害了他们的利益；耽误百姓的农时，就是败坏他们的家业；百姓没有罪却妄加刑罚，就是杀害他们；横征暴敛，就是对百姓的掠夺；大兴土木修建亭台楼阁而劳民劳力，就是增加民众的痛苦；官吏贪污盘剥，骚扰百姓，就会激起他们的愤怒。所以，善于治国的君主，统治百姓就如父母爱护子女，如兄长爱护弟妹。看到他们受饥受寒就为他们担忧；看到他们受苦受累就为他们悲痛；对他们施行赏罚就像自己亲受赏罚，向他们征收赋税如同夺取自己的财物。这些就是爱民的道理。"

大礼

【题解】

大礼，就是君臣之礼，即君臣之间的行为准则。身为君主，应当洞察民情；身为臣子，应当谦恭服从。接着，姜太公又阐述了身为君主应当做到的三件事："主位"也就是稳定其位，"主听"也就是虚心纳谏，"主明"也就是明察秋毫，一定要做到"目贵明，耳贵聪，心贵智"。

【原文】

文王问太公曰："君臣之礼如何？"

太公曰："为上唯临①，为下唯沉②。临而无远③，沉而无隐④。为上唯周⑤，为下唯定⑥。周则⑦天也，定则地也。或天或地，大礼乃成。"

文王曰："主位如何？"

太公曰："安徐而静，柔节先定。善与而不争，虚心平志，待物以正。"

文王曰："主听如何？"

太公曰："勿妄而许，勿逆而拒。许之则失守⑧，拒之则闭塞。

高山仰之，不可极也。深渊度之，不可测也。神明之德，正静其极。”

文王曰：“主明如何？”

太公曰：“目贵[9]明，耳贵聪，心贵智。以天下之目视，则无不见也；以天下之耳听，则无不闻也；以天下之心虑，则无不知也。辐凑[10]并进，则明不蔽矣。”

【注释】

①临：居高临下，此处为洞察下情。

②沉：深沉隐伏，此处为谦恭驯服。

③远：疏远民众。

④隐：隐匿私情，不尽忠诚。

⑤周：普遍，此处为普施恩德。

⑥定：安定，此处为安分守纪。

⑦则：效法。

⑧守：操守，此处为主见。

⑨贵：以……为贵。

⑩辐凑：辐条集中于轴头。凑，同“辏”。

【译文】

周文王问姜太公：“君主与臣民之间的礼法应该是怎样的？”

姜太公回答：“身为君主最重要的是洞察下情，作为臣民的最重要的是驯服恭敬。洞察下情就不会跟臣民疏远，驯服恭敬就不会隐瞒私情。做君主的要遍施恩惠，做臣民的应安守本分。遍施恩惠，要像天空那样覆盖万物；安守本分，要像大地那样稳重厚实。君主效法上天，臣民效法大地，这样君臣之间的礼法准则就能形成了。”

周文王问道：“身处君主之位，应该怎样做？”

姜太公答道：“应该安详从容，沉着清静，温和有节度，不心浮气躁。多多施恩惠而不要跟百姓争利，为人谦虚谨慎，处事公正无私。”

周文王问：“君主应该如何倾听意见呢？”

姜太公答道：“不要轻率地赞许认同，也不要粗暴地拒绝排斥。轻率地赞许认同就容易丧失主见，粗暴地拒绝排斥就会闭塞言路。君主要像高山那样，让人景仰却不能望到山顶；要像深渊那样，让人俯视却不能测量深度。神圣英明的君主之德，就是公正和清静。”

周文王问：“君主怎样才能做到洞察一切呢？”

姜太公答道："双眼贵在明察事物，双耳贵在听取意见，头脑贵在缜密睿智。如果能用天下人的眼睛去观察事物，就没有什么看不见的；如果能用天下人的耳朵去倾听意见，就没有什么听不到的；如果能用天下人的头脑去考虑问题，就没有什么不知道的。如果四面八方的情况能像车轮上的辐条通向车轴一样汇集到君主那里，那么君主自然就能洞察一切，不受蒙蔽了。"

明传

【题解】

本篇就国家兴衰存亡的问题阐述了一个重要道理，即"义胜欲则昌，欲胜义则亡；敬胜怠则吉，怠胜敬则灭"。意思就是说正义胜过私欲，国家就能昌盛；私欲胜过正义，国家就会衰败；谨慎多过懈怠，国家就能祥和；懈怠多过谨慎，国家就会灭亡。

周文王卧病在床，当着儿子姬发的面，向姜太公询问治国之道，姜太公便由此点明了这个道理，指出君主千万不要松懈怠慢、犹豫不决和执迷不悟，要做到"柔而静，恭而敬，强而弱，忍而刚"。

【原文】

文王寝疾①，召太公望，太子发②在侧。曰："呜呼！天将弃予。周之社稷，将以属③汝。今予欲师至道④之言，以明传之子孙。"

太公曰："王何所问？"

文王曰："先圣之道，其所止，其所起，可得闻乎？"

太公曰："见善而怠，时至而疑，知非而处，此三者，道之所止也。柔而静，恭而敬，强而弱，忍而刚，此四者，道之所起也。故义胜⑤欲则昌，欲胜义则亡；敬⑥胜怠则吉，怠胜敬则灭。"

【注释】

①寝疾：卧病。

②太子发：周武王姬发，灭商朝，西周王朝开国君主。

③属：通"嘱"，托付。

④至道：根本之道。

⑤胜：超过。

⑥敬：谨慎，不怠慢。

【译文】

周文王卧病在床，召见姜太公，太子姬发也守在床边。周文王说："唉！上天将要结束我的寿命了，周国的社稷之事就要拜托给您了。现在我想听您讲一讲根本的治国之道，好明确地传给后世子孙。"

姜太公问："您想要问些什么呢？"

周文王说："古时圣贤的治国之道，应该废弃什么，又应该推行什么，您能把其中的道理讲给我听听吗？"

姜太公回答说："见到善事却懈怠不做，时机到来又犹豫不决，知道错误却不以为意，这三种情况是先圣治国之道所应废止的。谦和而清静地修身，恭顺而谨慎地处事，强大而能够自居弱小，隐忍而实则刚强，这四点是先圣治国之道所应推行的。所以，正义胜过私欲，国家就能昌盛；私欲胜过正义，国家就会衰败；谨慎多过懈怠，国家就能祥和；懈怠多过谨慎，国家就会灭亡。"

六守

【题解】

本篇从君主用人不当而失天下这一观点入手，进一步提出了挑选人才的六个标准，即仁、义、忠、信、勇、谋。而鉴定所选拔之人是否符合这六个标准，就要依靠富之、贵之、付之、使之、危之、事之这六种手段去考验。这是六守。

接着，姜太公又提出了事关国家经济命脉的三大支柱，即农、工、商，君主必须亲自掌握这三个领域的管辖权，绝对不可交给别人。这是三宝。

最后以"六守长，则君昌；三宝完，则国安"作为总结，即重用具备六守标准的人，君主的事业就能昌盛发达；三宝发展完善，就能保证国泰民安。

【原文】

文王问太公曰："君国主民者，其所以失者何也？"

太公曰："不慎所与[1]也。人君有六守、三宝[2]。"

文王曰："六守何也？"

太公曰："一曰仁，二曰义，三曰忠，四曰信，五曰勇，六曰谋：是谓六守。"

文王曰："慎择六守者何？"

太公曰："富[3]之，而观其无犯；贵之，而观其无骄；付之，而观其无转；使之，而观其无隐；危之，而观其无恐；事之，而观其无穷。富之而不犯者，仁也；贵之而不骄者，义也；付之而不转者，忠也；使之而不隐者，信也；危之而不恐者，勇也；事之而不穷者，谋也。人君无以三宝借人，借人则君失其威。”

文王曰：“敢问三宝。”

太公曰：“大[4]农、大工、大商，谓之三宝。农一其乡[5]，则谷足；工一其乡，则器足；商一其乡，则货足。三宝各安其处，民乃不虑[6]。无乱其乡，无乱其族。臣无富于君，都无大于国[7]。六守长，则君昌；三宝完，则国安。”

【注释】

①与：给予，托付，此处为任用人才。

②六守：任用臣僚的六项标准。三宝：关系国家经济命脉的三件大事。

③富：使……富。

④大：重视，发展。

⑤乡：行政区划单位，泛指城市以外的地方。

⑥虑：忧虑。

⑦都：大城邑。国：国都。

【译文】

周文王问姜太公：“统治国家管理民众的君主，为什么会失去国家和民众？”

姜太公答道：“那是用人不慎造成的。身为君主，应该做到‘六守’和‘三宝’。”

周文王问：“什么是‘六守’？”

姜太公回答说：“一是仁爱，二是正义，三是忠诚，四是信用，五是勇敢，六是智谋。这就是所谓的‘六守’。”

周文王问：“如何谨慎地选拔出符合‘六守’标准的人才呢？”

姜太公说：“让一个人富裕，观察他是否逾越法度；让一个人显贵，观察他是否骄横不驯；对一个人委以重任，看他能否坚定不移地完成任务；命令一个人处理问题，观察他是否隐瞒欺骗；让一个人身临危难，观察他是否临危不惧；让一个人处理突发事件，观察他是否应对自如。富裕而不逾越法度的，是仁爱之人；显贵而不骄横的，是正义之人；身负重任而能坚定不移去完成的，是忠诚之人；处理问题而毫不隐瞒的，是可信之人；身处险境而无所畏惧的，是勇敢之人；面对突发事件而应对自如的，是有智谋的人。这些都是任用人才的原则。另外，君主不能把处理‘三宝’的大权交给他人，否则就会丧失自己的权威。”

周文王问：“您所指的‘三宝’是什么？”

姜太公回答说：“农业、工业、商业，这三者叫做‘三宝’。把农民组织起来，聚居在一处进行耕作，粮食就会充足；把工匠组织起来，聚居在一处进行生产，器具就会充足；把商人组织起来，聚居在一处进行贸易，财货就会充足。让这三大行业的人各安其业，百姓就不会忧虑不安。不要打乱三大行业的区域结构，不要拆散老百姓的家族组织。确保臣民不能比君主富裕，城邑不得比国都还要大。重用具备‘六守’标准的人，君主的事业就能昌盛发达；‘三宝’发展完善，就能保证国泰民安。”

守土

【题解】

本篇阐述了关于守卫国土政权的一个重要观点，即“借人国柄则失其权”，“借人利器则为人所害”。不要疏远宗族，不可怠慢民众，安抚左右近邻，控制天下四方，不要把治国大权委托别人，要使国家变得富足。接着又讲了什么是仁义，即尊重民众，团结宗亲，不要让人篡权，要知道何时该施恩惠，何时该动用武力。这样，天下自然顺服。

【原文】

文王问太公曰：“守土奈何？”

太公曰：“无疏其亲，无怠其众；抚其左右，御其四旁。无借人国柄[①]，借人国柄，则失其权。无掘壑而附丘[②]，无舍本而治末。日中必彗[③]，操刀必割，执斧必伐。日中不彗，是谓失时；操刀不割，失利之期；执斧不伐，贼人将来。涓涓不塞，将为江河；荧荧[④]不救，炎炎奈何；两叶[⑤]不去，将为斧柯。是故人君必从事于富，不富无以为仁，不施无以合亲[6]。疏其亲则害，失其众则败。无借人利器[7]，借人利器，则为人所害而不终于世。”

文王曰：“何谓仁义？”

太公曰：“敬其众，合其亲。敬其众则和，合其亲则喜，是谓仁义之纪[8]。无使人夺汝威，因其明，顺其常。顺者，任之以德；逆者，绝[9]之以力。敬[10]之勿疑，天下和服。”

【注释】

①国柄：国家大权。

②掘壑而附丘：挖掘深谷之土而添于土山之上，比喻损下益上。

③彗：曝晒。

④荧荧：微弱的火光。

⑤两叶：草木萌芽时的两片嫩叶。

⑥合亲：和睦亲族。

⑦利器：锐利的兵器，此

处为国家权力。

⑧纪：原则，准则。

⑨绝：灭绝。

⑩敬：慎重地对待。

【译文】

周文王问姜太公：“如何守卫国土呢？”

姜太公答道：“不要疏远宗室亲族，不可怠慢民众百姓，安抚左右臣子，控制四周邻国。不要把治国大权委托给别人，否则，君主就会失去自己的权威。不要损下益上，不要舍本逐末。太阳正当正午的时候，要抓紧时间曝晒；握有利刃的时候，要抓紧时间宰割；执有斧钺的时候，要抓紧时机征伐。正午阳光充足时不曝晒，则会丧失天时；握有利刃却不宰割，意味着失去良机；手执斧钺不去征伐，敌人就会乘虚来袭。涓涓细流倘若不堵塞，就会汇成滔滔江河；微弱的火星不赶快扑灭，将会燃起熊熊烈火；刚萌芽的两片嫩叶不摘除，最终必得用斧子去砍伐。所以，君主必须努力使国家变得富足，不富足就不能施行仁政，不行仁政就不

能团结宗族。疏远自己的宗族就会遭受祸害，失去自己的民众就会使国家衰败。不要把统御国家的权力交给别人，否则，就会被人所害而不得善终。”

周文王问道：“什么是仁义？”

姜太公回答说：“尊重自己的民众，团结自己的宗族。尊重民众就会举国和睦，团结宗亲就会举家欢喜，这就是行仁义的法则。不要让人篡夺了你的权力，要明察一切，并顺应常理去处理事务。对于顺从自己的人，要给予他们恩惠并加以任用；对于反叛自己的人，就动用武力消灭他们。遵循上述原则而不要怀疑，天下人自然就和顺驯服了。”

守国

【题解】

本篇阐述了守卫国家之道，也就是遵循天时变化以及万物规律去治理百姓，这样社会就能安定。假如天下动荡，应当“发之以其阴，会之以其阳”，待天下形势稳定下来，做到“莫进而争，莫退而让”，这样守国，就可与日月同光了。

【原文】

文王问太公曰：“守国奈何？”

太公曰："斋，将语君天地之经[1]，四时所生，仁圣之道，民机[2]之情。"

王即斋七日，北面再拜[3]而问之。

太公曰："天生四时，地生万物。天下有民，仁圣牧[4]之。故春道生，万物荣；夏道长，万物成；秋道敛[5]，万物盈；冬道藏，万物寻[6]。盈则藏，藏则复起，莫知所终，莫知所始。圣人配[7]之，以为天地经纪[8]。故天下治[9]，仁圣藏；天下乱，仁圣昌。至道其然也。仁圣之在天地间也，其宝[10]固大矣。因其常而视之，则民安。夫民动而为机，机动而得失争矣。故发之以其阴[11]，会之以其阳[12]，为之先唱[13]，天下和[14]之。极反其常，莫进而争，莫退而让。守国如此，与天地同光。"

【注释】

①经：常道。

②机：心理。

③北面再拜：弟子行敬师之礼。

④牧：治理，管理。

⑤敛：收拢，聚集。

⑥寻：静，隐藏不动。

⑦配：相配，此处为参照仿效。

⑧经纪：伦理纲常等行为准则。

⑨治：安定，太平。

⑩宝：圣人的地位和作用。

⑪发：发展。阴：暗中，秘密。

⑫会：时机。阳：正大光明。

⑬唱：倡导，发起。后作“倡”。

⑭和：响应。

【译文】

周文王问姜太公道：“怎么样才能守卫国土？”

姜太公说：“请您先行斋戒，然后我再告诉您关于天地之间运行的规律，四季万物生长的缘由，仁德圣贤的治国道理，民心变化的根源。”

周文王于是斋戒七天，以弟子礼再度拜问姜太公。

姜太公说：“上天有四季更替，大地有万物生长。天下有百姓，都由圣人君主所统治。春天的规律是滋生，万物都欣欣向荣；夏天的规律是成长，万物都繁荣茂盛；秋天的规律是收获，万物都饱满成熟；冬天的规律是贮藏，万物都潜藏不动。万物成熟就要收藏起来，收藏到春天之后，则又重新滋生。如此周而复始，循环往复，既无终点，也无起点。圣人便是效法这一天地运行的自然规律来治理天下的。所以，天下太平之时，仁人圣君的政绩就表现不出来；天下大乱的时候，仁人圣君就奋起拨乱反正，拯救百姓，建功立业。这是必然的规律。圣人处于天地之间，其地位和作用是非常重大的。遵循常理来治理天下，民众百姓就会安居乐业。倘若民心怀有怨恨，就会成为动乱发生的契机。一旦出现这种情况，天下权力之争必然会随之而起。这时，圣人就要秘密地发展自己的力量，待到时机成熟就公开进行讨伐。首先发起除暴安民的倡导，天下人必然会群起响应。当变乱平息，一切恢复正常之时，既不要过分去争抢功劳，也没有必要退位谦让。这样守国的话，就可以与天地共存，与日月同光了。”

上贤

【题解】

上贤的意思，就是尊重德才兼备的贤者。君主应当取诚信，去诈伪，禁暴乱，止奢侈。一定要警惕“伤王之德”、“伤王之化”、

"伤王之权"、"伤王之威"、"伤功臣之劳"、"伤庶人之业"等"六贼"。要远离轻率之人、钻营之人、虚伪之人、奸诈之人、谄媚之人、艺技之人、巫蛊之人等"七害"。

接着姜太公又论述了百姓、士人、臣子、官吏、宰相应当各自履行什么样的义务；而身为君主，又应当如何处事才能保持自身的威严。君主一定要做到可怒则怒、杀伐决断、适时攻伐，这样国家才能强盛。

【原文】

文王问太公曰："王人者，何上何下？何取何去？何禁何止？"

太公曰："王人者上贤，下不肖；取诚信，去诈伪；禁暴乱，止奢侈。故王人者有六贼[①]、七害。"

文王曰："愿闻其道。"

太公曰："夫六贼者：一曰，臣有大作宫室池榭，游观倡[②]乐者，伤王之德；二曰，民有不事农桑，任气游侠[③]，犯历[④]法禁，不从吏教者，伤王之化；三曰，臣有结朋党，蔽贤智，障主明者，伤王之权；四曰，士有抗志高节[⑤]，以为气势，外交诸侯，不重其主者，伤王之威；五曰，臣有轻爵位，贱有司[⑥]，羞为上犯难者，伤功臣之劳；六曰，强宗侵夺，凌侮贫弱者，伤庶人之业。七害者：一曰，无智略权谋，而以重赏尊爵之故，强勇轻战，侥幸于外[⑦]，王者慎勿使为将；二曰，有名无实，出入异言[⑧]，掩善扬恶，进退为巧，王者慎勿与谋；三曰，朴其身躬，恶[⑨]其衣服，语无为以求

名，言无欲以求利，此伪人也，王者慎勿近；四曰，奇其冠带，伟其衣服，博闻辩辞，虚论高议，以为容美，穷居静处，而诽时俗，

此奸人也，王者慎勿宠；五曰，谗佞苟得，以求官爵，果敢轻死，以贪禄秩[10]，不图大事，得利而动，以高谈虚论悦于人主，王者慎勿使；六曰，为雕文刻镂，技巧华饰，而伤农事，王者必禁之；七曰，伪方奇技[11]，巫蛊[12]左道，不祥之言，幻惑良民，王者必止之。故民不尽力，非吾民也；士不诚信，非吾士也；臣不忠谏，非吾臣也；吏不平洁爱人，非吾吏也；相不能富国强兵，调和阴阳，以安万乘之主[13]，正群臣，定名实，明赏

罚，乐万民，非吾相也。夫王者之道，如龙首，高居而远望，深视而审听，示其形，隐其情。若天之高，不可极也；若渊之深，不可测也。故可怒[14]而不怒，奸臣乃作；可杀而不杀，大贼乃发；兵势不行，敌国乃强。”

文王曰：“善哉！”

【注释】

①贼：伤害。

②倡：古代表演歌舞杂戏的艺人。

③任气：处事纵任意气，不加约束。游侠：古代爱好交游的侠士，这些人虽然重义，但往往无视法律，以武犯禁。

④犯历：触犯。

⑤抗志高节：自负清高，标榜节操。

⑥有司：有关部门的官吏。

⑦侥幸于外：在军事行动上侥幸取胜。外，战场。

⑧出入异言：言行不一，当面一套，背后一套。

⑨恶：粗劣。

⑩禄秩：官吏的俸禄。

⑪伪方奇技：用以骗人没有实效的方术。方技，指医卜星相与养生炼丹之类的技术。

⑫巫蛊：使用巫术加害他人。蛊，一种人工培养的毒虫，用来害人，人不能知。

⑬万乘（shèng）之主：拥有一万辆战车的君主，指大国君主。乘，车一辆为一乘。

⑭怒：谴责。

【译文】

周文王问姜太公："身为君主，应当尊崇什么人，抑制什么人，任用什么人，除去什么人？应该严禁什么事，制止什么事？"

姜太公回答说："作为君主，应该尊崇德才兼备的贤明之人，抑制无贤无才之辈，任用忠诚信实之人，除去奸诈虚伪之徒。严禁暴乱行为，制止奢侈风气。因此，君主应当警惕'六贼'和'七害'。"

周文王说："我愿意听听这里面的道理。"

姜太公说："所谓'六贼'，就是：第一，臣子中有人大兴土木，修建亭台楼阁，沉迷于游玩舞乐的，就会败坏君主的德行；第二，百姓中有不务农种桑，游手好闲，以武乱禁，不服管教的，就会败坏君主的教化；第三，臣子中有结党营私，排挤贤智之士，蒙蔽君主视听的，就会损害君主的权势；第四，士人中有高傲自负，标榜节操，气焰嚣张，在外与诸侯私下结交，不尊重君主的，就会损害君主的威严；第五，臣子中有轻视爵位，藐视上级与同僚，不愿意为君主排忧解难的，就会挫伤功臣的积极性；第六，强宗大族中有侵掠豪夺，欺压贫弱的，就会损害老百姓的生计。所谓'七害'是：第一，没有智略权谋，却为了获得爵位重赏而恃勇逞强，轻率赴战，想要侥幸得胜获取功劳的，君主千万不要让这种人担任将帅；第二，徒有虚名而没有真才实学，当面一套，背后一套，掩盖别人的好处，宣扬他人的坏处，到处钻营取巧的，君主千万不要同这种人共谋大事；第三，外表朴素，着装粗劣，自称对功名不感兴趣，实则沽名钓誉，自称没有欲望，实则贪图利益，这是虚伪之人，君主千万不要同他亲近；第四，身着奇装华服，博闻善辩，高谈空论，以此显示自己博学多才，身处陋居不得志时，就躲在一旁诽谤时俗，这是奸诈之人，君主千万不要宠信他；第五，谗言谄媚，不择手段，贪图苟且求得官爵，鲁莽轻率，不惜性命，贪图立功和俸禄，不顾全大局，见利妄动，言辞浮夸以取悦君主，这种人君主千万不要任用；第六，从事雕文刻镂，技巧华饰一类奢侈工艺行业，以至于妨害农业生产的，君主必须加以禁止；第七，用骗人的丹方和诡异的邪术，用巫蛊搞歪门邪道，用妖言咒语迷惑欺骗善良民众的，君主必须加以制止。因此，民众不尽力从事耕作，就不是好民众；士人不忠诚守信，就不是好士人；大臣不敢直言进谏，就不是好大臣；官吏不公正廉洁爱护民众，就不是好官吏；宰相不能富国强兵，调和各种矛盾和问题，稳固君主地位，整饬朝廷纲纪，核查名实，严明赏罚，使民众安居乐业，就不是好宰相。做君主的，应当如同龙头一样，高瞻远瞩，洞察一切问题，审慎听取意见，对外表现出庄严肃穆，而将内心的真情隐藏起来。要让人觉得像天空那样高而不可极，像深渊那样深而不可测。因此，如果君主在应该去谴责的时候不去谴责，奸臣就会兴风作浪；对于应该杀的人不去杀，乱臣贼子的人就会祸乱国家；对于应该出兵讨伐的国家而不去讨伐，那些敌国就会强大起来。”

周文王说：“您说得很对！”

举贤

【题解】

本篇以周文王提问“举贤而不获其功”的原因为开篇。姜太公立刻给出回答“举贤而不能用”，空有举贤之名，而无用贤之实。而造成这种局面的原因，是由于君主错把“世俗之所誉者”当成了贤才，如此一来，真正的良才就会被埋没。解决的方法是“按名督实，选才考能，令实当其名，名当其实”，这样去招揽人才才能得到实际的效果。

【原文】

文王问太公曰：“君务①举贤而不获其功，世乱愈甚，以致危亡者，何也？”

太公曰：“举贤而不用，是有举贤之名，而无用贤之实也。”

文王曰：“其失安在？”

太公曰：“其失在君好用世俗②之所誉，而不得真贤也。”

文王曰：“何如？”

太公曰：“君以世俗之所誉者为贤，以世俗之所毁者为不肖，则多党③者进，少党者退。若是，则群邪比周④而蔽贤，忠臣死于无罪，奸臣以虚誉取爵位。是以世乱愈甚，则国不免于危亡。”

文王曰：“举贤奈何？”

太公曰：“将相分职，而各以官名举人。按名督实，选才考能，令实当其名，名当其实，则得举贤之道也。”

【注释】

①务：致力。

②世俗：一般平常、凡庸的人。

③党：党羽。

④比周：结党营私。

【译文】

周文王问姜太公说：“君主致力于举用贤能、招揽人才，却无法收到实际效果，社会越来越动乱，以至于国家陷入危亡的局面，这是什么道理呢？”

姜太公答道：“选拔出贤能却不加以重用，也就是空有举贤的虚名，而并没有用贤的实质。”

周文王问道：“导致这种过失的原因在哪里？”

姜太公回答说："过失的原因在于君主喜欢任用世俗所称誉的人，因而得不到真正的贤才。"

周文王问道："为什么这样说呢？"

姜太公说："君主把世人所赞誉的人当作贤能之士，把世人所诋毁的人当作不肖之徒，那么所任用的就全部都是结党营私的人，而缺少朋党的人就会被排斥。这样一来，那些奸邪之辈就会相互勾结，排挤贤臣，致使无罪的贤臣被冤致死，奸臣凭借虚名骗到爵位。因此，社会越来越混乱，国家难免要陷入危亡的境地。"

周文王问道："应该怎样举贤呢？"

姜太公答道："将领和宰相各司其职，各自举荐，根据所需要的官职举用人才，根据各个官吏的职责考核其工作业绩。对于选拔上来的人才，考查其能力的强弱，使其德才与官位相称，名实相当，这样才算掌握了举用贤才的方法。"

赏罚

【题解】

本篇重在阐述如何达到"赏一以劝百，罚一以惩众"的效果，即要遵循赏信罚必的原则。

具体来说，赏罚除了说到做到，言出必行，本着公正严明的前提外，还必须要在众人都看得见的地方执行，这样才能对众人起到影响和警示的作用。如此严明军纪，便可达到“存劝”、“示惩”的效果，事半功倍。

【原文】

文王问太公曰：“赏所以存劝①，罚所以示惩。吾欲赏一以劝百，罚一以惩众，为之奈何？”

太公曰：“凡用赏者贵信，用罚者贵必。赏信罚必于耳目之所闻见，则所不闻见者，莫不阴化②矣。夫诚，畅③于天地，通于神明，而况于人乎！”

【注释】

①劝：勉励。

②阴化：暗中变化，潜移默化。

③畅：畅行无阻。

【译文】

周文王问姜太公：“奖赏是用来勉励人的，惩罚是用来惩戒人的。我想通过奖赏一个人来达到勉励一百人的效果，通过惩罚一个人来达到惩戒众人的效果，应该怎么做呢？”

姜太公回答道：“奖赏贵在言而有信，惩罚贵在言出必行。奖赏守信和惩罚必行，必须在众人耳朵能听到、眼睛能看见的地方施行。这样的话，即使是没有听到和看见的人，也会受到潜移默化的影响。这种诚信能够畅行于天地之间，上通于神明，更何况是对人呢？”

兵道

【题解】

本篇主要阐述了用兵的四项原则。首先，要做到“一”，即集中统一，上下一致，这样用兵就能出神入化；其次，要知晓“存”和“亡”，“乐”和“殃”之间的辩证关系；再次，作战的时候要学会伪装，懂得隐藏自己的实力和作战计划，然后声东击西，出其不意；最后，要秘密勘察敌情，准确抓住进攻的时机。

【原文】

武王问太公曰：“兵道何如？”

太公曰：“凡兵之道，莫过乎一①。一者，能独往独来②。黄帝曰：‘一者，阶于道③，几于神④。’用之在于机，显之在于势，成之在于君。故圣王号兵为凶器，不得已而用之。今商王知存而不知亡，知乐而不知殃。夫存者非存，在于虑亡；乐者非乐，在于虑殃。今王已虑其源，岂忧其流乎！”

武王问曰：“两军相遇，彼不可来，此不可往，各设固备，未敢先发。我欲袭之，不得其利，为之奈何？”

太公曰：“外乱而内整，示饥而实饱，外钝⑤而内精。一合一离，一聚一散。阴[6]其谋，密[7]其机，高其垒，伏其锐，士寂若无声，敌不知我所备。欲其西，袭其东。”

武王曰：“敌知我情，通我谋，为之奈何？”

太公曰：“兵胜之术，密察敌人之机而速乘其利，复疾击其不意。”

【注释】

①一：事权专一，指挥统一。

②独往独来：自由行动，不受牵制。

③阶：阶梯，指逐步通向。道：规律，道理。

④几：接近。神：神妙莫测。

⑤钝：不锋利。此处为疲软、衰弱。

⑥阴：隐藏。

⑦密：保密。

【译文】

周武王问姜太公：“用兵的原则是什么？”

姜太公回答说：“一般来说，用兵的原则，莫过于指挥上的高度统一。指挥统一了，军队就能行动自由，所向无敌。黄帝曾说：‘指挥统一就是掌握了用兵的规律，从而可以达到神妙莫测的用兵境界。’想要运用这一原则，关键在于掌握好战机；彰显这一原则，关键在于形成威势；成功地利用这一原则，关键在于君主的运筹。所

以圣明的君主称战争为凶器，只有在不得已的时候才使用它。如今商纣王只知道他的国家还存在，却不知道国家已濒临灭亡；他只知道纵情享乐，却不知道马上就要大祸临头。因此，国家的存在不在于眼下是否存在，而在于能否居安思危；寻欢作乐不在于眼前是否享乐，而在于能否做到乐不忘忧。现在您已经考虑到国家安危存亡的根源问题，至于其他枝节问题又何必去忧虑呢？”

周武王问道：“倘若敌我两军相遇，敌人不能向我进攻，我也不能去攻打敌人。双方都设置了坚固的防守工事，谁都不敢率先发起进攻。现在我想袭击敌方，又缺少有利的条件，应该怎么办呢？”

姜太公回答：“要制造假象，让我军表面看似混乱，实际上内部严整；表面看似缺粮挨饿，实际上粮草充足；表面看似战斗力衰弱，实际上各方面都很精良。让军队或合或离，或聚或散，装作没有纪律的样子。隐匿自己的作战计策，保密行动意图，加高巩固壁垒，埋伏好精锐部队，让军队行动无形无声，使敌方无从知道我方的兵力部署。如果想要从西边发起攻击，就要先从东边进行佯攻。”

周武王问道：“如果敌方预先知道我军的情况，识破了我方计谋，那该怎么办？”

姜太公回答说：“作战取胜的关键方法，在于秘密地勘察敌情，抓住有利的战机，在出其不意的情况下，给予敌方迅猛的打击。”

卷二　武韬

《武韬》有《发启》、《文启》、《文伐》、《顺启》、《三疑》五篇，主要讲治理天下、夺天下的方法，各自详细论述了以下主题：如何夺取天下；“无为而治”的治国思想；十二种“文伐”方法；治理天下的方法；如何攻强、离亲、散众。

发启

【题解】

本篇主要分析了讨伐纣王、夺取天下的几个要点。第一要求君王修心养德，礼贤下士，施恩百姓，以观天道，也就是做好准备，等待伐商的时机；第二要把握好战机，这个战机要从天道、人道以及“心”、“意”、“情”去观察；第三要同病相救，同情相成，同恶相助，同好相趋，这是进攻和防御成功的关键；第四要与天下人同呼吸、共命运，把利益分给天下众人；第五要隐藏自己的谋略，于无形之中运用智慧而不被人察觉；第六说明如今的商朝已有亡国之兆，这时正是大军出征讨伐的好时机，一旦发兵，天下都会顺从。

【原文】

文王在酆[①]，召太公曰："呜呼！商王虐极，罪杀不辜[②]，公尚[③]助予忧民，如何？"

太公曰："王其修德，以下贤[④]惠民，以观天道[⑤]。天道无殃，不可先倡；人道[⑥]无灾，不可先谋。必见天殃，又见人灾，乃可以谋；必见其阳，又见其阴，乃知其心；必见其外，又见其内，乃知其意；必见其疏，又见其亲，乃知其情。行其道，道可致也；从其门，门可入也；立其礼，礼可成也；争其强，强可胜也。全胜不斗，大兵无创，与鬼神通。微[⑦]哉！微哉！与人同病相救，同情相成，同恶相助，同好相趋。故无甲兵而胜，无冲机而攻，无沟堑而守。大智不智，大谋不谋，大勇不勇，大利不利。利天下者，天下启之；害天下者，天下闭之。天下者，非一人之天下，乃天下之天下也。取天下者，若逐野兽，而天下皆有分肉之心；若同舟而济，济则皆同其利，败则皆同其害。然则皆有启[8]之，无有闭[9]之也。无取于民者，取民[10]者也；无取于国者，取国者也；无取于天下者，取天下者也。无取民者，民利之；无取国者，国利之；无取天下者，天下利之。故道在不可见，事在不可闻，胜在不可知。微哉！微哉！鸷鸟[11]将击，卑飞[12]敛翼；猛兽将搏，弭耳[13]俯伏；圣人将动，必有愚色。今彼殷商，众口相惑，纷纷渺渺[14]，好色无极，此亡国之征也。吾观其野，草菅[15]胜谷；吾观其众，邪曲胜直；吾观其吏，暴虐残贼，败法乱刑，上下不觉，此亡国之时也。大明[16]发而万物皆照，大义发而万物皆利，大兵发而万物皆服。大哉！圣人之德，独闻独见，乐哉！”

【注释】

①酆：古地名，周文王曾建都于此，在今陕西西安市西南，沣河西岸。

②不辜：无罪之人。

③公尚：姜太公。

④下贤：屈己以尊贤。

⑤天道：自然规律，此处指天命。

⑥人道：与“天道”相对的概念，指人事。

⑦微：微妙。

⑧启：开启。此处为敞开胸怀，竭诚欢迎。

⑨闭：关闭。此处为拒绝、反对。

⑩取民：得到民心。

⑪鸷鸟：凶猛的鸟，如鹰、雕、枭等。

⑫卑飞：低飞。

⑬弭耳：帖耳，形容动物搏杀前敛抑之貌。

⑭纷纷：杂乱。渺渺：无穷无际。

⑮草菅：野草。

⑯大明：太阳。

【译文】

周文王在酆邑召见姜太公，对他说："唉！商纣王残暴到了极点，肆意杀害无辜的老百姓，请您辅助我拯救天下，您看如何？"

姜太公答道："君主应当修心养德，礼贤下士，施恩惠于百姓，以观察天命的吉凶。在上天还没有给出灾害征兆的时候，不可以先倡导征讨；当人间还没有出现祸乱的时候，不可先谋划兴师出兵。必须要先看到天灾祸患的征兆，又看到人间动乱的迹象，才可以谋划出兵征伐；一定要先看到商王公开的言行，又了解他的秘密活动，才能知道他的真实想法；既要看到他的外在表象，又了解他的内心想法，才能知道他的真正意图；既要看到他疏远什么人，又了解他亲近什么人，才能明白他的真实情感。按照一定的程序推行治国治军的方案，就可以实现政治理想了；遵循正确的方法和原则，就可以达到统一天下的目的；建立起适当的秩序和制度，便可以确立起礼制了；按照一定的方法与他国争强，就可以战胜强大的敌人。不用战斗就能取得全胜，全军上前迎敌而没有伤亡，这种用兵的智慧可谓是超神了。微妙啊微妙！如果人与人之间能够同疾苦互救济，同情感互保全，同憎恶互帮助，同爱好共追求，这样的话，就是没有军队也能取胜，没有战车机弩也能进攻，没有壕沟壁垒也能防守。真正有大智慧的人，会运用智慧于无形中，而不显现出来；真正有大谋略的人，会在行动之前运用谋略，而不显现出来；真正勇敢的人，会在最初就打消敌方的气焰，而不将勇敢表现出来；真正谋利益的，谋的都不是表面的利益。为天

下人谋利益的，天下人都欢迎他；危害天下人的，天下人都反对他。天下不是一个人的天下，而是所有人的天下。夺取天下，就像逐杀野兽一样，天下所有人都有分享兽肉的欲望；同时也像同坐一条船渡河一样，渡河成功大家皆大欢喜，要是失败了，大家都遭受灾难。这样与天下人共命运，自然会受到欢迎，不会遭到反对。看似没有从民众那里获得利益，实际上却是得到了利益；看似没有从别国那里掠夺利益，实际上却是得到了利益；看似没有夺取天下的利益，实际上却是得到了利益。不掠取民众的利益，民众就会拥护他，这是民众给予他的利益；不掠取别国的利益，别国就会归附他，这是别国给予他的利益；不掠夺天下的利益，天下就会拥护他，这

是天下给予他的利益。所以，这种方法隐秘而难被人发现，这种事情秘密得别人难以听闻，这种胜利巧妙得不会被人知道。真是微妙啊微妙！凶猛的飞禽在袭击猎物之前，一定先低空飞行、收起双翼；凶猛的野兽将要搏斗之时，一定先垂下耳朵、伏下身体；圣贤将要行动的时候，一定先向人表露出愚钝的样子。现在的商朝，谣言四起，社会动乱不堪，纣王荒淫无度，这是国家覆亡的征兆。我观察他们的田地里，野草都盖过了禾苗；我观察他们的大臣，奸邪之徒多过忠直之士；我观察他们的官吏，暴虐残酷，违法乱纪。面对这种局面，他们朝廷上下仍然执迷不悟，这是到了要灭亡的时候了。旭日当空，天下万物都沐浴在光辉之下；推行正义，天下万物都能享受利益；大军发起，天下万物都会欣然归附。圣人的德化真是伟大啊，其独到的见地无人能比，这是最大的欢乐！”

文启

【题解】

本篇所阐述的治国思想是“无为而治”，也就是顺应自然规律，让老百姓不知不觉受到教化，这样国家才能长治久安。具体来说就是无需忧虑，无需控制；顺从百姓原本的风俗，使他们乐得其所；减少政令，减轻刑罚；遵循百姓的生活规律，以仁德教化他们。

【原文】

文王问太公曰：“圣人何守？”

太公曰：“何忧何啬[①]，万物皆得；何啬何忧，万物皆遒[②]。政之所施，莫知其化；时之所在，莫知其移。圣人守此而万物化，何穷之有？终而复始。优而游之[③]，展转求之；求而得之，不可不藏；既以藏之，不可不行；既以行之，勿复明之。夫天地不自明，故能长生；圣人不自明，故能名彰。古之圣人，聚人而为家，聚家而为国，聚国而为天下。分封贤人，以为万国，命之曰大纪[④]。陈其政教，顺其民俗，群曲[⑤]化直，变于形容[⑥]。万国不通[⑦]，各乐其所，人爱其上，命之曰大定。呜呼！圣人务[⑧]静之，贤人务正之，愚人不能正，故与人争。上劳则刑繁，刑繁则民忧，民忧则流亡，上下不安其生，累世不休，命之曰大失[⑨]。天下之人如流水，障之则止，

启之则行；动之则浊，静之则清。呜呼！神哉！圣人见其所始，则知其所终。”

文王曰：“静之奈何？”

太公曰：“天有常形⑩，民有常生⑪，与天下共其生，而天下静矣。太上因之，其次化之。夫民化而从政，是以天无为而成事，民无与而自富，此圣人之德也。”

文王曰：“公言乃协⑫予怀，夙夜念之不忘，以用为常⑬。”

【注释】

①啬（sè）：阻塞，制止。

②遒（qiú）：强劲，坚固，此处为繁荣滋长。

③优而游之：从容不迫。

④大纪：纲纪。

⑤曲：不正派。

⑥形容：不好的习气。

⑦通：同。

⑧务：致力。

⑨大失：最大的失误。

⑩常形：四时变化的经常性现象。

⑪常生：最基本的生计活动。

⑫协：符合。

⑬常：常法，基本原则。

【译文】

周文王问姜太公："圣人治理天下应遵循什么原则？"

姜太公回答说："不需要担忧什么，也不需要制止什么，天下万物便能各得其所；不去制止什么，也不去忧虑什么，天下万物自然就会繁荣滋长。推行政令，要让百姓在不知不觉中受到感化，就好像时间流逝，四季更替一样，都是在不知不觉中自然推移。圣人若能遵循这一原则，天下万物便会自然生息，周而复始，无穷无尽。这种从容悠闲、无为而治的政治，圣人必须反复探求其中的道理。如果探求到了，就一定要藏在心中；既然已经藏在了心中，就一定要在治理国家的过程中贯彻执行；既已经贯彻执行，就不必将其中的具体情况明告世人。因为天地从不刻意暴露自己的规律，所以万物自会按其规律生长；因为圣人从不炫耀自己的英明，所以自能成就辉煌的功业。古

代的圣人，把人们聚集起来组成家庭，把家庭聚集起来组成国家，把许多国家聚集起来组成天下，分封贤人到各国做诸侯，这些叫做治理国家的纲纪。对于各个诸侯国，依循其原来的政治教化，顺应当地的民俗民情，帮助百姓改正邪僻之处，改变不好的风气。各国之间的习俗虽然各不相同，但只要使百姓安居乐业，人人尊敬爱戴君主，这就叫做天下太平。唉！圣人致力于清静无为，贤士致力于端正身心，愚昧的君主不能端正自己的内心，所以才会与民争夺。君主推行的政令太多，就会导致刑罚繁苛，刑罚一旦繁苛百姓就会忧惧，百姓一旦忧惧，就会流窜逃亡。朝廷上下不得安生，长期无法休养生息，这就是政治上最大的失误。天下的百姓如同流水一般，阻塞它就停止，开放它就流动，搅动它就浑浊，静置它就清澈。唉！真是神奇啊！圣人见到事物的萌芽，就能推断出它的结果来。”

周文王问：“怎样才能使天下太平呢？”

姜太公答道：“天有一定的变化规律，百姓也有一定的生活规律。君主如果能同百姓共安生业，天下就会太平。所以说，最好的政治是顺应规律和民心进行治理，其次是宣扬仁德政教以感化百姓。百姓受到感化就会服从政令。因此，上天清静无为，却能使万物生长，百姓无须施与，却能丰衣足食，这就是圣人的德治。”

周文王说：“您的话深合我意，我将时刻不忘，铭记在心，把它作为治理天下的基本原则。”

文伐

【题解】

“文伐”的意思是利用政治、外交等非军事手段来打击敌人，具体来说就是采用权谋计策离间敌人，从而达到从内部分化、瓦解和削弱敌人的效果，为最终用军事手段消灭敌人创造条件。

本篇讲述了十二种“文伐”的方法，分别是：顺从使敌生骄，亲近敌国宠臣，贿赂敌君近臣，荒废敌君心志，掩盖敌国忠臣之功，收买内臣、离间外将，贿赂敌国君主，加深与敌国友谊，夸耀赞美敌国国君，取得敌国信任，阻塞敌国耳目，供养敌国乱臣。这十二种方法一一执行成功了，天时地利一具备就立刻可以出兵讨伐敌国了。

【原文】

文王问太公曰：“文伐①之法奈何？”

太公曰：“凡文伐有十二节②：一曰因其所喜，以顺其志。彼将生骄，必有奸事。苟能因③之，必能去之。二曰亲其所爱，以分其威。一人两心，其中必衰。廷无忠臣，社稷必危。三曰阴赂左右，得情甚深；身内情外，国将生害。四曰辅其淫乐，以广④其志，厚

赂珠玉，娱以美人；卑辞委听，顺命而合，彼将不争，奸节乃定。五曰严[5]其忠臣，而薄其赂，稽留其使，勿听其事。亟为置代，遗以诚事，亲而信之，其君将复合之。苟能严之，国乃可谋。六曰收其内，间其外，才臣外相[6]，敌国内侵，国鲜不亡。七曰欲锢其心，必厚赂之。收其左右忠爱，阴示以利，令之轻业，而蓄积空虚。八曰赂以重宝，因与之谋。谋而利之，利之必信，是谓重亲[7]。重亲之积，必为我用。有国而外，其地大败。九曰尊之以名，无难其身，示以大势，从之必信。致其大尊，先为之荣，微饰圣人，国乃大偷。十曰下之必信，以得其情。承意应事，如与同生。既以得之，乃微收之。时及将至，若天丧之。十一曰塞之以道，人臣无不重贵与富，恶死与咎[8]。阴示[9]大尊，而微输重宝，收其

豪杰。内积甚厚，而外为乏。阴纳智士，使图其计；纳勇士，使高其气。富贵甚足，而常有繁滋。徒党⑩已具，是谓塞之。有国而塞，安能有国。十二曰养其乱臣以迷之，进美女淫声以惑之，遗良犬马以劳之，时与大势以诱之，上察而与天下图之。十二节备，乃成武事⑪。所谓上察天，下察地，征⑫已见，乃伐之。”

【注释】

①文伐：以文事伐人，即不用军事手段而用政治、外交手段打击敌人。

②节：项。

③因：沿袭。

④广：通“旷”，荒废，耽搁。

⑤严：尊敬。此处可理解为与他结好以从中行间的意思。

⑥相：辅佐，帮助。

⑦重亲：加深友好。

⑧咎（jiù）：灾祸。

⑨阴示：暗示。

⑩徒党：门徒，党羽。

⑪武事：与军队或战争有关的事情。

⑫征：征兆。

【译文】

周文王问姜太公说："怎么样运用非军事手段去打击敌人呢？"

姜太公答道："非军事手段打击敌人的方法有十二种：一是依照敌国君主的喜好，顺从他的心意。这样一来，他就会滋长骄傲自大的情绪，接着便会胡作非为，如果能这样一直持续下去，就必定能除掉他。二是拉拢敌国君主的近臣，以分化削弱其君主的威信。敌国近臣倘若怀有二心，他的忠诚度必然会降低。敌国朝廷中一旦没有了忠臣，这个国家必定会面临危亡。三是暗中贿赂收买敌国君主左右的大臣，和他建立深厚的交情。这些人身居自己国内却心向他国，这样的国家就必将遭受祸患。四是用淫靡的音乐让敌国的君主放纵腐化，荒废他的心志，用大量珠宝贿赂他，赠送美女来讨好他。低声下气地奉承他，假意听从他的命令，顺从迎合他的心意。这样，他就会丧失斗争之心，而放肆纵容自己的邪恶行径。五是故意尊敬敌国的忠臣，用薄礼贿赂他，当他前来交涉时，故意拖延时间，并回避交涉的问题，极力促使敌国君主改派其他使者，然后再迅速诚恳地同后来的使者交涉所有问题，亲近他并取得他的信任，从而使敌国重新和我国友好。这样用不同的态度对待敌国的忠臣和奸臣，敌国君主就会疏远他的忠臣，那么敌国就可以谋取了。六是收买敌国君主身边的大臣，离间敌国在外征战的将领，其有才干的大臣一旦里通外国，其国内必会产生混乱，这样敌国就很少有不灭亡的。七是要想让敌国君主对我国深信不疑，就必须赠送大量礼物加以贿赂，同时收买他左右亲近大臣，暗中给他们好处，这样敌国君臣就会荒废国家事业，造成财粮匮乏，国库空虚。八是用贵重的财宝贿赂敌国君主，然后乘机与他同谋别的国家，并使他觉得所图谋的事情对他有利，他得到利益后必然信任我们，这便加深了敌国与我国的友好关系。关系越来越密切，敌国势必会被我们所利用。自己的国家被外国利用，最终必遭惨败。九是用响当当的名号尊崇敌国君主，不让他面临危难，给他一种势倾天下的错觉，顺从他的意思以博取信任。让他处于至高无上的地位，先夸耀他的功绩，再恭维他德比圣人，这样他便会狂妄自大，最后荒废政事。十是对敌国的君主卑微屈从，这样一定能够获取他的信任，从而获

得敌国内部的情况。秉承他的意志顺从他的要求，关系亲密得就像亲兄弟一样。获得对方的信任之后，便慢慢收揽其权势并加以控制利用。一旦时机成熟，就可有如神助般轻而易举地把它消灭掉。十一是用各种方法阻塞敌国君主的耳目，但凡是臣子，就没有不喜爱荣华富贵，厌恶死亡和灾祸的。所以暗中许诺下高官厚爵，悄悄地赠送大量财宝，来收买敌国的英雄豪杰。我们自己国内积蓄充实，但表面要装作很贫乏。暗中收纳敌国的智谋之士，与他们一起商议大计。秘密地吸纳敌国勇士，借以增强我方的士气。要尽量满足这些人的欲望，并让这种欲望不断地滋长蔓延。这样，敌国的豪杰、智士和勇士就成为了我们的朋党，这就叫做阻塞敌国君主的耳目。如此一来，虽然敌国的国家还在，但耳目都闭塞了，还怎么能维持统治呢？十二是扶植敌国的奸臣，让他们迷乱其君主的心智；进献美女和淫靡之乐，以迷惑其君主的意志；赠送良犬骏马，使其沉溺狩猎而身体疲惫；经常奉承他虚假的有利形势，使他高枕无忧。最后观察有利的时机，和天下人一起谋划夺取他的国家。以上十二种方法一旦都实施完备，就可以采取军事行动了。这就是所谓的上察天时，下观地利，等到对我们有利的征兆显现之时，就可以兴兵讨伐敌国了。”

顺启

【题解】

本篇阐述了治理天下的方法，君主如果能在心胸、信誉、仁德、恩泽、权力、处事这几个方面做好，就可以很好地统治天下了。然后通过对比利与害、生与杀、彻与穷、安与危这几组对待天下的不同方式，分别展示了天下人所表现出的不同态度，最终阐明了一个道理，即“天下者，非一人之天下，惟有道者处之”。

【原文】

文王问太公曰：“何如而可为天下？”

太公曰：“大盖①天下，然后能容天下；信盖天下，然后能约②天下；仁盖天下，然后能怀③天下；恩盖天下，然后能保天下；权盖天下，然后能不失天下；事而不疑④，则天运不能移，时变不能迁。此六者备，然后可以为天下政。故利天下者，天下启之；害天下者，天下闭之。生天下者，天下德之；杀天下者，天下贼⑤之。彻⑥天下者，天下通之；穷天下者，天下仇之。安天下者，天下恃之；危天下者，天下灾之。天下者，非一人之天下，惟有道者处之。”

【注释】

①大：器量，度量。盖：包容，覆盖。

②约：约束，控制。

③怀：怀柔，用政治上笼络的手段使之归附。

④疑：迟疑，犹豫。

⑤贼：伤害，杀害。

⑥彻：通达。

【译文】

周文王问姜太公："怎样才能治理好天下呢？"

太公回答说："器量盖过天下，然后才能包容天下；诚信盖过天下，然后才能约束天下；仁爱盖过天下，然后才能使天下归附；恩泽盖过天下，然后才能保有天下；权势盖过天下，然后才能不失去天下；遇

到事情能当机立断并且毫不犹豫，天运就不会改变，即便四时更替也不会动摇。只要这六个条件都具备了，就可以治理好天下了。因此，为天下人谋利益的，天下人就欢迎他；使天下人受到祸害的，天下人就反对他；让天下人得以生存的，天下人就称道他的仁德；使天下人遭到杀戮的，天下人就会毁灭他；让天下人通达的，天下人也会助他的事业通达；让天下人受穷的，天下人就会仇视憎恶他；让天下人安居乐业的，天下人就会把他当作依靠；给天下人带来危难的，天下人就会把他当成灾星。天下并非是一个人的天下，只有道德高尚的人才能久处君位。”

三疑

【题解】

如何攻强，如何离亲，如何散众？本篇着重论述了这三个方面的策略：攻强以强，离亲以亲，散众以众。意思是让敌人骄傲自大，离间敌人的臣子，让敌国百姓归向我。具体到方法上就是因之、慎谋、用财，即因势利导，周密计划，使用财力。为此要进行周密的计划，用礼品财物玩弄敌人于股掌之上，卸下敌人的戒备之心，离间敌人大臣，让他们落入我方的圈套，惠施于百姓而不要吝啬。这样一来，自然就能达成攻强、离亲、散众的目的了。

【原文】

武王问太公曰："予欲立功，有三疑：恐力不能攻强、离亲[①]、散众[②]，为之奈何？"

太公曰："因[③]之，慎谋，用财。夫攻强，必养之使强，益之使张[④]。太强必折，太张必缺；攻强以强，离亲以亲，散众以众。凡谋之道，周密为宝。设之以事，玩之以利，争心必起。欲离其亲，因其所爱，与其宠人，与之所欲，示之所利，因以疏之，无使得志。彼贪利甚喜，遗疑乃止。凡攻之道，必先塞其明，而后攻其强，毁其大[⑤]，除民之害。淫之以色，啖[⑥]之以利，养之以味，娱之以乐。既离其亲，必使远民，勿使知谋。扶而纳之[⑦]，莫觉其意，然后可成。惠施于民，必无爱财。民如牛马，数餧[⑧]食之，从而爱之。心以启智，智以启财，财以启众，众以启贤。贤之有启，以王天下。"

【注释】

①离：离间。亲：亲信。

②散众：分化瓦解敌国的军队。

③因：顺应。

④张：嚣张。此处为骄傲自满，忘乎所以。

⑤大：此处指庞大的国家机器。

⑥啖：拿利益引诱人。

⑦扶而纳之：用各种手段引诱敌人落入我的圈套。

⑧餧（wèi）：同“喂”。

【译文】

周武王问姜太公：“我想建功立业，但有三点疑虑：我担心自己的兵力不足以进攻强敌，担心离间不了敌方的亲信，担心瓦解不了敌方的军队士兵。您看该怎么办呢？”

姜太公回答说：“首先要因势利导，其次是慎用计谋，最后是运用财力。进攻强敌，一定要怂恿他，使他的气焰更加强势；放任他，使他更加猖狂自大。气焰太过强势的，就一定会遭受挫折；性子太过狂妄的，一定会导致失误。因此，想要进攻强大的敌人，一定要先助长他的强势，等他骄傲自

满，再趁机进攻；想要离间敌人的亲信，一定要先收买敌人的其他心腹，让其散布流言；要瓦解敌人的军队，一定要先给敌国的士兵民众以恩惠，让他们的心归顺我。运用计谋，周密最为重要。设想许多对付敌人的方案，以丰厚的利益诱惑敌人，敌人内部必然会起争夺利益之心。要想离间敌国君主和亲信宠臣之间的关系，应该根据他们的喜好，给予那些宠臣一些好处，送给他们所想得到的东西，许诺给他们丰厚的利益，疏远他们和君主之间的关系，让他们无法有所作为。他们因为得到了好处而非常高兴，就不会对我们的图谋产生怀疑了。一般来说，进攻强大敌人的方法是，先阻塞对方的戒备心，然后再进攻他强大的军队，摧毁他庞大的国家，以解除百姓的痛苦。蒙蔽敌君耳目，消除其戒备心的方法是：用女色让他沉溺于淫乐，用厚利满足他的欲望，用美味佳肴填满他的肚子，用靡靡之音迷乱他的心志。既然已经离间了他的亲信，还须进一步使他疏远自己的民众，不要让他识破我们的计谋。引诱他不知不觉间慢慢落入我们的圈套，然后就能取得成功。将恩惠施于民众，千万不要吝啬财物。民众如同牛马一样，经常喂养他们，他们就会顺从并亲近主人。心灵可以产生智慧，智慧可以产生财富，财富可以赢得民众，民众中可以涌现出贤能人才。大批贤才涌现出来，就可以辅佐君主统治天下了。”

卷三　龙韬

《龙韬》有《王翼》、《论将》、《选将》、《立将》、《将威》、《励军》、《阴符》、《阴书》、《军势》、《奇兵》、《五音》、《兵征》、《农器》十三篇，主要讲军事用人、军事指挥、将帅才干及用兵作战的方法，各自详细论述了以下主题：辅佐君王的七十二股肱羽翼之人；将帅的五种美德和十种缺陷；如何分辨将帅才能高低；任命将帅的仪式及君王和将帅对彼此的要求；将帅如何树立威信和英明，确保令行禁止；将帅如何以身作则来鼓舞士气；阴符的介绍；阴书的介绍；攻伐作战的方法；用兵的原则和方法，将帅的七种素质；如何用五音和五行来判断敌情；如何看敌方胜败的征兆；战事与农事的结合。

王翼

【题解】

“王者帅师，必有股肱羽翼，以成威神”是本篇提出的一个重点观点，也就是说，君王率领军队，必须要有得力之人辅助，才能有

威武的气势。要根据每个人的所长授予他们不同的职务，各尽其能。所以君王身边一定要有七十二种能人，包括腹心、谋士、天文、地利、兵法、通粮、奋威、伏旗鼓、股肱、通材、权士、耳目、爪牙、羽翼、游士、术士、方士、法算等各方面人才，分管计谋、天文、地理、作战、军需、战术、传令、修缮、谈判、侦察、鼓气、宣传、间谍、巫卜、医务、财务等方面的工作。

【原文】

武王问太公曰："王者帅师，必有股肱羽翼[①]，以成威神，为之奈何？"

太公曰："凡举兵帅师，以将为命。命在通达，不守一术。因能受[②]职，各取所长，随时变化，以为纲纪。故将有股肱羽翼七十二人，以应天道[③]。备数如法，审知[④]命理，殊能异技，万事毕矣。"

武王曰："请问其目。"

太公曰："腹心一人，主赞谋应卒[⑤]，揆天消变[⑥]，总揽计谋，保全民命。谋士五人，主图安危，虑未萌，论行能，明赏罚，授官位，决嫌疑，定可否。天文三人，主司星历，候[⑦]风气，推[⑧]时日，考符验，校灾异，知人心去就[⑨]之机。地利三人，主三军行止形势[⑩]，利害消息[⑪]，远近险易，水涸山阻，不失地利。兵法九人，主讲论异同，行事成败，简练兵器，刺举[⑫]非法。通粮四人，主度饮食，备蓄积，通粮道，致五谷，令三军不困乏。奋威四人，主择才力，论[13]兵革，风驰电掣，不知所由。伏旗鼓三人，主伏旗鼓，明耳目，诡符节，谬号令，暗忽往来，出入若神。股肱四人，主任重持难，修沟堑，治[14]壁垒，以备守御。通材[15]三人，主拾遗补过，应偶宾客，论议谈语，消患解结。权士三人，主行奇谲[16]，设殊异，非人所识，行无穷之变。耳目七人，主往来，听言视变，览四方之事、军中之情。爪牙五人，主扬威武，激励三军，使冒难攻锐，无所疑虑。羽翼四人，主扬名誉，震远方，摇动四境，以弱敌心。游士八人，主伺奸候变，开阖[17]人情，观敌之意，以为间谍。术士二人，主为谲诈，依托鬼神，以惑众心。方士二人，主百药，以治金疮，以痊万病。法算[18]二人，主计会三军营壁、粮食、财用出入。”

【注释】

①股肱（gōng）羽翼：比喻

帝王身边得力之人。股，大腿。肱，胳膊从手肘到肩膀的部分。羽翼，翅膀。

②受：通“授”，授予。

③天道：天象，大自然运行的规律。古代以五日为一候，三候为一节气，一年为二十四节气、七十二候。前面说的七十二人对应的应当是七十二候。

④审知：清楚地知道。

⑤卒：同“猝”，突然。此处指突然发生的事变。

⑥揆（kuí）：揣测。变：灾变。

⑦候：观测。

⑧推：推测。

⑨去就：离去或留下。

⑩形势：地理状况，地势。

⑪消息：消长，增减。

⑫刺举：检举。

⑬论：同“抡”，选择，挑选。

⑭治：修筑。

⑮通材：学识广博、具有多种才能的人。

⑯奇谲（jué）：奇谋权谲。

⑰开阖（hé）：或张或闭，任由控制、操纵。阖，关闭。

⑱法算：古代军队中主会计之事者。

【译文】

周武王问姜太公说："君主统率军队，必须有得力的辅佐之人，以此形成非凡的威势，您觉得应该怎么办？"

姜太公回答说："但凡举兵率军出征，都要任命将帅指挥军队。指挥要随机应变，不能墨守成规。要做到这一点，将帅在用人上应该根据每个人的才能授予职位，各取所长，灵活安排，使之成为一项制度。所以将帅需要有七十二个得力的辅佐人员，以便顺应时运变化。按照这种方法如数准备，详细了解他们，合理任命他们，发挥各种人才的特殊能力和天分，这便万事俱备了。"

周武王问："请问具体的细节是什么？"

姜太公回答说："要有腹心一人，主要负责出谋划策，应付突然事变，观测天象，消除祸患，总揽军政大计，保护百姓的生命安全。要有谋士五人，主要负责判断军事行动的安危，消除隐患，鉴别将士的品行才能，制定赏罚细则，授予官职，决断疑难问题，裁定事情是否可行。要有掌管天文的三人，主要负责观察日月星辰，观测风向气候，推算时日吉凶，考察福祸征兆，核查灾异现象，观察人心之所向。要有懂得地利的三人，主要负责察明军队行军和驻扎的地形状况，分析利弊得失，观察远近地形的险易，以及江河水情和山势险阻的状况等，确保军队作战不失地利。要有通晓兵法的九人，主要负责分析探讨敌我形势的异同，分析作战胜败的原因，选择不同条件中作战的兵器进行训练，检举揭发不守纪律的人。要有管理粮草的四人，负责考虑军中粮食消耗，储备积蓄物资，保证粮道畅通，运送粮草并顺利抵达，保证军队的供给。要有负责振作威武的四人，主要负责选拔有才能之士，挑选武器装备，组织部队风驰电掣般行动，迅猛快速地打击敌人，使敌方不知所措。要有执掌旗鼓的三人，主要负责用旗鼓传达号令，让士兵们根据旗鼓所示的信号行动，或者故意制造假符节、发布假命令来迷惑敌人，确保我军忽来忽往，神出鬼没。要有得力干将四人，担负重要使命，从事艰巨任务，挖掘壕沟陷阱，修筑城墙堡垒，确保防御的坚固。要有博学多才的三人，主要负责指出将帅的不足，弥补其过失，接待外来宾

客，谈判问题，消除祸患，排解纠纷。要有擅长权谋的三人，主要负责策划诡诈的奇谋妙招，有目的地设计一些特殊事件，让敌人无法识破其中真相，并运用得变化无穷。要有情报探子七人，主要负责往来外县，听风声，观动静，探察四方的形势，了解敌军情况。要有爪牙五人，主要负责宣扬我军军威，激励三军斗志，使将士们敢于冒险犯难，毫无畏惧地去攻克敌人的精锐部队。要有羽翼四人，主要负责宣传我军的威名声誉，以震慑四方，动摇敌国军心，削弱敌军的斗志。要有间谍八人，主要负责刺探敌方的动态变化，观察敌人意图，自如应对，进行间谍活动。要有术士二人，主要负责使用诡诈手段，借助鬼神的力量，迷惑扰乱敌方的军心。要有方士二人，主要负责各种药品，治疗刀伤剑伤，医治各种疾病。要有会计二人，主要负责核计算军队的营垒、粮食和财用的收支情况。”

论将

【题解】

将帅作为军队的统领者，其性格特点能影响到一场战争的胜败。因此，将帅是一国存亡的关键，是国家的重要辅佐大臣，将帅的人选务必要认真审查。本篇提出将帅应该具备五种美德，分别是勇、智、仁、信、忠。将帅还应该避免十种性格缺陷，包括勇而轻死、急而心速、贪而好利、仁而不忍人、智而心怯、信而喜信人、廉洁而不爱人、智而心缓、刚毅而自用、懦而喜任人。一国之将一定要经过这些性格美德、性格缺陷的考验和审查，才能看出其能不能胜任。

【原文】

武王问太公曰："论将之道[①]奈何？"

太公曰："将有五材十过[②]。"

武王曰："敢问其目[③]。"

太公曰："所谓五材者，勇、智、仁、信、忠也。勇则不可犯[④]，智则不可乱，仁则爱人，信则不欺，忠则无二心。所谓十过者：有勇而轻死者，有急而心速者，有贪而好利者，有仁而不忍人[⑤]者，有智而心怯者，有信而喜信人者，有廉洁而不爱人者，有智而心缓者，有刚毅而自用[⑥]者，有懦而喜任[⑦]人者。勇而轻死者，可暴[⑧]也；急而心速者，可久也；贪而好利者，可遗[⑨]也；仁而不忍人者，可劳也；智而心怯者，可窘[⑩]也；信而喜信人者，可诳也；廉洁而不爱人者，可侮也；智而心缓者，可袭也；刚毅而自用者，可事也；懦而喜任人者，可欺也。故兵者，国之大事，存亡之道，命在于将。将者，国之辅，先王之所重也。故置将不可不察也。故曰，兵不两胜，亦不两败。兵出逾境，期不十日，不有亡国，必有破军杀将。"

武王曰："善哉。"

【注释】

①道：原则。

②材：优秀的品质。过：不良的品质。

③目：细节，细目。

④犯：侵犯。

⑤不忍人：不忍心伤害别人，此处指对军中各种违纪行为流于姑息。

⑥自用：刚愎自用，十分固执。

⑦任：依赖。

⑧暴：激怒。

⑨遗：馈赠。

⑩窘：困迫，束手无策。

【译文】

周武王问姜太公："评论将帅优劣的原则是什么？"

姜太公回答说："将帅应当具备五种美德，避免十种缺点。"

周武王又问："请问它的具体内容是什么？"

姜太公说："所谓将帅的五种美德就是指：勇敢、明智、仁慈、诚信和忠贞。勇敢就不会被侵犯，明智就不会被迷惑，仁慈就会爱护士卒，诚信就不会欺骗别人，忠贞就不会怀有二心。所谓十种缺点就是：勇敢却轻易赴死，性子急躁并且急于求成，秉性贪婪而贪图利益，为人仁慈却姑息违法乱纪的行径，聪明机智却胆小怕事，诚信却容易轻信他人，廉洁却对部下很苛刻，足智多谋却优柔寡断，性格刚毅却顽固不化，天性懦弱且喜欢依赖别人。那些勇敢却轻易赴死的人，容易被激怒；性子急躁并且急于求成的人，容易被持久战拖垮；秉性贪婪且贪图利益的，容易被钱财贿赂；为人仁慈却姑息恶行的，容易被不断骚扰烦劳；聪明机智却胆小怕事的，容易陷入困境；诚信却容易轻信他人的，容易被谎言欺骗；廉洁却对部下苛刻的，容易被侮辱轻视；足智多谋却优柔寡断的，容易被突袭；性格刚毅却顽固不化的，容易遭算计，天性懦弱且喜欢依赖别人的，容易被欺负。所以说，征战是国家的大事，关系着国家的存亡，而国家的命运则掌

握在将帅的手里。将帅，是国家的辅佐之臣，其任免是历代君王都非常重视的，因此任命将帅一定要认真审察。两军交战，双方不可能都取得胜利，也不可能都遭受失败。只要军队行出国境，不出十天必见分晓，不是一方亡国，就必然是另一方被击败，其将领被杀。”

周武王说：“您说得很好！”

选将

【题解】

本篇着重论述了如何分辨将领才能高低的问题。单从外表很难看出一个人的内心和真性，往往要经过重重考验，通过分析其语言应对、临场反应、私下行为、遇事态度等方面来进行一层层判定。

开头姜太公先列举了十五种表里不一之人的情况，分别为外贤无才、外善内恶、外恭内傲、外谨内疏、外精内愚、外敦内谎、外谋内缺、外果内空、外诚内假、外恍内实、外激内诚、外勇内怯、外肃内亲、外冷内谨、外虚内强。而判断出一个人真实情况的方法有八种，可分别通过提问、追问、暗中考察、直接提问、以财试探、以色诱惑、以险为难、以酒考验这些手段来检验，这样就能对人有准确的区分了。

【原文】

武王问太公曰："王者举兵，欲简练[1]英雄，知士之高下，为之奈何？"

太公曰："夫士外貌不与中情[2]相应者十五：有贤而不肖[3]者，有温良而为盗者，有貌恭敬而心慢者，有外廉谨[4]而内无至诚者，有精精[5]而无情者，有湛湛[6]而无诚者，有好谋而无决者，有如果敢而不能者，有悾悾[7]而不信者，有恍恍惚惚[8]而反忠实者，有诡激[9]而有攻效者，有外勇而内怯者，有肃肃[10]而反易人者，有嗃嗃而反静悫者[11]，有势虚形劣而外出无所不至、无所不遂[12]者。天下所贱，圣人所贵。凡人莫知，非有大明，不见其际，此士之外貌不与中情相应者也。"

武王曰："何以知之？"

太公曰："知之有八征[13]：一曰问之以言，以观其辞；二曰穷之以辞，以观其变；三曰与之间谍，以观其诚；四曰明白显问，以观其德；五曰使之以财，以观其廉；六曰试之以色，以观其贞；七曰告之以难，以观其勇；八曰醉之以酒，以观其态。八征皆备，则贤、不肖别矣。"

【注释】

①简练：选拔。

②中情：内在的实际情况。

③不肖：不才。

④廉谨：廉洁谨慎。

⑤精精：精而又精，精明强干。

⑥湛湛：为人敦厚。

⑦悾（kōng）悾：为人诚恳。

⑧恍恍惚惚：精神恍惚，此处为犹豫动摇。

⑨诡激：怪异偏激。

⑩肃肃：严正的样子。

⑪嗃（hè）嗃：严酷的样子。静悫（què）：沉静谨慎。

⑫遂：达成，完成。

⑬征：征验，征兆。

【译文】

周武王问姜太公："君王起兵兴师，想要选拔智勇双全的人担任将帅，怎么样才能知道他德才的高低呢？"

姜太公回答说："士人的外在和他的内在不相符合的情况共有十五种：有的看上去贤明其实无德无才，有的看上去温和善良其实背地里做坏事，有的看上去对人恭敬其实内心傲慢，有的看上去廉洁谨慎其实并不真诚，有的看上去精明强干其实没有什么才学，有的看上去敦厚老实其实毫无诚信，有的看上去足智多谋其实毫不果断，有的看上去果断其实并无作为，有的看上去诚恳真挚其实不讲信用，有的看上去摇摆不定其实忠诚可靠，有的看上去言行过激其实办事有功效，有的看上去勇敢其实胆怯懦弱，有的看上去严肃其实平易近人，有的看上去冷酷其实行事沉稳严谨，有的看上去虚弱丑陋其实出使游历无所不至、办事无所不成。那些被普通人所瞧不起的人，往往被圣人所器重。一般人看不出来，是因为没有高明的见识，无法看清其中的本质。这些就是士人的外在和他的内在不相符合的种种情况。"

周武王问："怎么样才能真正了解他们呢？"

姜太公说："要了解他们，共有八种方法：一是提出问题，看他是否解释得清楚；二是详细追问，考验他的应变能力；三是在他身边安插间谍，看他是否忠诚；四是明知故问，看他是否有所隐瞒，来考察他的品德；五是让他管理财物，考察他是否廉洁；六是用女色来试探他，看他有没有操守；七是让他身处危难之中，看他是否勇敢；八是用酒灌醉他，看他是否能保持常态。这八种方法都运用过之后，一个人是贤还是不贤，就可以区别清楚了。”

立将

【题解】

本篇先介绍了任命将帅的仪式，论述重点则放在对君王和将帅各自的要求上。身为将帅，要做到不轻敌，不冒险，不贱人，不违众，和士兵同甘苦共患难。身为君主，要给予将帅充分的信任和全权指挥的权力，切不可从中干预，否则会导致战事失败。指挥军队的大权一旦全部掌握在善战的将领手中，便可所向披靡，兵不接刃，敌人便会降服，从而使得江山稳定，社稷安宁。

【原文】

武王问太公曰：“立将之道①奈何？”

太公曰：“凡国有难，君避正殿，召将而诏之曰：‘社稷安危，一②在将军。今某国不臣③，愿将军帅师应之。’将既受命，乃命太史卜，斋三日，之④太庙，钻灵龟⑤，卜吉日，以授斧钺⑥。君入庙门，西面而立；将入庙门，北面而立。君亲操钺持首，授将其柄，

曰：‘从此上至天者，将军制之。’复操斧持柄，授将其刃曰：‘从此下至渊者，将军制之。见其虚则进，见其实则止。勿以三军为众而轻敌，勿以受命为重而必死，勿以身贵而贱[7]人，勿以独见[8]而违众，勿以辩说为必然[9]。士未坐勿坐，士未食而食，寒暑必同。如此，则士众必尽死力。’将已受命，拜而报君曰：‘臣闻国不可从外治，军不可从中御。二心[10]不可以事君，疑志[11]不可以应敌。臣既受命，专斧钺之威，臣不敢生还。愿君亦垂一言之命于臣。君不许臣，臣不敢将。’君许之，乃辞而行。军中之事，不闻君命，皆由将出。临敌决战，无有二心。若此，则无天于上，无地于下，无敌于前，无君于后。是故，智者为之谋，勇者为之斗；气厉青云，疾若驰

骛[12]；兵不接刃，而敌降服。战胜于外，功立于内，吏迁士赏，百姓欢悦，将无咎殃[13]。是故，风雨时节，五谷丰登，社稷安宁。”

武王曰：“善哉！”

【注释】

①道：方法。

②一：全。

③不臣：不臣服。

④之：往，到。

⑤钻灵龟：占卜。用烧红的小铜棍炙烙龟甲或兽骨，观察骨甲的裂痕来判断吉凶。

⑥斧钺（yuè）：古代军中行刑的兵器，军权的象征。

⑦贱：轻视。

⑧独见：一己之见。

⑨必然：表示事情一定是这样。

⑩二心：怀有异心。

⑪疑志：志存疑虑，犹豫不决。

⑫驰骛（wù）：奔驰的骏马。

⑬咎殃：灾祸。

【译文】

周武王问姜太公：“任命将帅的方式是怎样的？”

姜太公回答："一旦国家遭遇危难，君主就避开正殿，在偏殿上召见主将，向他下达诏令说：'国家的安危，全系于将军身上。现在敌国反叛，请将军统率大军前去出征讨伐。'主将接受命令后，君主便命令太史进行占卜，太史斋戒三天，前往太庙，钻炙龟甲，卜问向将帅颁授斧钺的吉日。到了吉日那天，君主进入太庙门，面向西站立，主将随后进入太庙门，面向北站立。国君亲自拿着钺的头部，把钺柄交给主将，申明：'自现在起，军中上至于天的一切事务交由将军全权处置。'然后拿起斧柄，将斧刃授予主将，申明：'自现在起，军中下至于渊的一切事务交由将军全权裁决。将军带兵时，见到敌人虚弱就趁机进攻，见到敌人强大厉害就停止。不要因为我军人数众多就轻敌，不要因为任务重大就以死相拼，不要因为身份尊贵就轻视部下，不要固执己见而违背众人的意愿，不要认为能言善辩就是正确的而去轻信。士兵们没坐下，你不要先坐；士兵们没吃饭，你不要先吃，不论寒暑冷热都要与士兵同甘共苦。这样一来，士兵们就会拼命作战了。'主将接受任命，跪拜并回答说：'我听说处理国家大事不能受外部的干预，行军作战不能由君主在朝中遥控指挥。倘若臣下怀有二心就不能为君主效力，将帅一旦受到君主牵制犹犹豫豫就不能专心致志地对付敌人。臣既然已经奉命执掌军事大权，不获胜利不敢生还。还请您授予臣全权处置一切的权力，若您不答应，臣不敢担此重任。'君主应允，主将便辞别了君主率军出征。从此，军中的一切事务，不听命于君主而全部听命于主将。临敌作战，全军上下专心致志，没有任何顾虑。这样一来，主将带兵就能上不受天时限制，下不受地形影响，前方没有敌人敢阻挡，后方没有君主从中牵制。所以，谋士们都愿意出谋划策，勇士们都愿意殊死战斗，士气昂扬直冲青云，行动迅速如快马奔驰，两军还未交锋而敌人就已经投降。如此，在外取得了战争胜利，在朝廷领功授勋，将吏们得到晋升，士兵们获得奖赏，百姓欢欣鼓舞，主将没有任何的罪过和祸殃。于是整个国家风调雨顺，五谷丰登，社稷安宁，天下太平。”

周武王说：“您讲得很好！”

将威

【题解】

本篇详细阐述了身为将领，如何树立威信和英明，如何确保军队令行禁止的问题。具体方法是，杀位高者来树威信，奖位低者来树英明，奖惩慎重得当来确保大军令行禁止。让刑罚的范围上到军中地位最高者，就能震慑全军；让奖赏普及到军中地位最低者，就能鼓舞全军。简而言之就是“刑上极，赏下通”。

【原文】

武王问太公曰：“将何以为威？何以为明？何以为禁止[①]而

令行？”

太公曰：“将以诛大②为威，以赏小③为明，以罚审④为禁止而令行。故杀一人而三军震者，杀之；赏一人而万人悦者，赏之。杀贵大，赏贵小。杀及当路⑤贵重之臣，是刑上极⑥也；赏及牛竖⑦、马洗⑧、厩养之徒，是赏下通也。刑上极，赏下通，是将威之所行也。”

【注释】

①禁止：施禁则止。

②诛大：诛杀地位尊贵的人。

③赏小：奖赏地位卑微的人。

④审：审慎。此处为适当。

⑤当路：执掌大权，身居要职。

⑥极：至，到达。

⑦牛竖：管牛的仆役。

⑧马洗：马夫。

【译文】

周武王问姜太公："将帅应该怎么样树立威信？怎么样来体现英明？怎么样才能做到有禁必止，有令必行？"

姜太公回答说："将帅通过诛杀地位高贵的人来树立威信，通过奖赏地位低下的人来体现英明，通过审慎得当的赏罚来确保有禁必止，有令必行。因此，如果杀掉一个人就能震骇全军的话，就杀掉他；如果奖赏一个人而能使全军高兴，就奖赏他。诛杀，贵在敢杀地位高贵的人；奖赏，重在奖赏地位低下的人。诛杀那些官高位显、身居要职的人，表明刑罚可以触及到最上层；奖赏那些放牛、洗马、养马的士卒，表明奖赏能普及到最下层。刑罚能够触及最上层，奖赏能够普及到最下层，这就是将帅的威信得以树立，命令能够执行的原因所在。"

励军

【题解】

将领是军队的表率，一支军队中士兵的表现与其将领的行为是分不开的。本篇就介绍了一种鼓舞士气的方法，就是将领的以身作则。将领要与士兵同寒暑，士兵挨冻，将领就不穿大衣，士兵挨淋，将领就不能打伞，这是"礼"；将领要与士兵同劳苦，军队行泥泞

道路，将领也要下马步行，这是“力”；将领要与士兵同饥饱，军队都驻扎好了，将领才能休息，士兵们开始吃饭了，将领才能用饭，这是“止欲”。将士体恤士兵，士兵便会报答将士，军队自然士气大增，全军上下“攻城争先登，野战争先赴，闻金声而怒，闻鼓声而喜”。

【原文】

武王问太公曰：“吾欲令三军之众，攻城争先登，野战争先赴，闻金声[①]而怒，闻鼓声[②]而喜，为之奈何？”

太公曰：“将有三。”

武王曰：“敢问其目。”

太公曰：“将冬不服[③]裘，夏不操扇，雨不张盖，名曰礼将；将不身服礼[④]，无以[⑤]知士卒之寒暑。出隘塞，犯[⑥]泥涂，将必先下

步，名曰力将；将不身服力⑦，无以知卒之劳苦。军皆定次⑧，将乃就舍；炊者皆熟，将乃就食；军不举火，将亦不举，名曰止欲；将

不身服止欲，无以知士卒之饥饱。将与士卒共寒暑、劳苦、饥饱，故三军之众，闻鼓声则喜，闻金声则怒；高城深池，矢石繁下，士争先登；白刃始合⑨，士争先赴。士非好死而乐伤也，为其将知寒暑、饥饱之审⑩，而见劳苦之明也。”

【注释】

①金声：鸣金的声音。有“鸣金收兵”一说，意思是停止进攻，结束战斗。

②鼓声：古代打仗，击鼓表示进攻。

③服：穿。

④不身服礼：不能亲身执行礼法，不能以身作则。服，从事，执行。

⑤无以：无从。

⑥犯：遭遇。

⑦不身服力：不能身体力行。力，劳力，勤劳。

⑧次：旅行所居止之处所，此处指军旅驻扎之所。

⑨合：合战，交锋。

⑩审：明白。

【译文】

周武王问姜太公："我想让全军将士都能做到攻城时争先恐后地登城，野外作战时争先恐后地冲击，听到退兵的号令就愤怒不已，听到前进的鼓声就欢喜高兴。怎么才能做到这样呢？"

姜太公回答："将帅必须要做到三点。"

周武王说："请问具体的内容是什么？"

姜太公说："身为将帅，冬天不穿皮裘大衣，夏天不摇扇子扇风，雨天不张伞篷遮雨，这样的将帅叫做礼将；将帅不能以身作则，就无法体会士兵们的冷暖。穿越险要的关隘，在泥泞的道路上行军时，将帅一定要先下车马步行，这样的将帅叫做力将；将帅不身体力行，就无法体会士兵们的劳苦。军队安营扎寨，等到全军都安排好以后，将帅才能入帐歇息；吃饭的时候，等到士兵们的饭菜都做好了，将帅才能开始吃饭；军队没有举火照明，将帅也不能举火照明，这样的将帅叫做止欲将；将帅如果不能亲身体会节制私欲，就无法体会士兵们的饥饱。如果将帅能同士兵们一起经历寒暑、劳苦和饥饱，那么全军兵士在听到前进的鼓声时就会欢喜高兴，听到退兵的号令就会愤怒不已。攻打高耸的城墙和深峻的护城河时，即便面临箭石如雨的艰险之境，士兵们仍旧会争先恐后地奋勇登城；进行野外战斗时，双方刚一交锋，士兵们就会前仆后继、勇往直前。士兵并不是天生喜欢送死、乐于受伤，而是由于将帅关心自己的冷暖和饥饱，体恤自己的劳苦，因此深受感动而甘心报效。”

阴符

【题解】

阴符是古代君王授予将领兵权和调动军队所用的凭证，也是古代兵权的象征。一符从中剖为两半，君主和将领各执一半，使用时两半互相扣合，表示验证可信。因其常用铜铸成伏虎形，故称之为“虎符”。

本篇先提出疑问，如何在外出作战时保证君王和军队之间，军队和军队之间保持消息互通？这便引出了阴符，进而阐述了八种不同类型的阴符，它们各自有不同的尺寸和作用。有表示大获全胜的，有表示克敌擒将的，有表示攻下城池的，有表示敌人退逃的，有表示加强守卫的，有表示求粮增兵的，有表示我军将亡的，有表示我军兵亡的。使用阴符时要秘密进行，不能延误，不能外泄。

【原文】

武王问太公曰："引兵深入诸侯之地，三军卒有缓急[①]，或利或害。吾将以近通远，从中应外，以给三军之用，为之奈何？"

太公曰："主与将有阴符[②]，凡八等：凡大胜克敌之符，长一尺；破军擒将之符，长九寸；降城得邑之符，长八寸；却敌报远之符，长七寸；誓众坚守之符，长六寸；请粮益兵[③]之符，长五寸；败军亡将之符，长四寸；失利亡士之符，长三寸。诸奉使行符，稽留[④]者，若符事泄，闻者告者皆诛之。八符者，主将秘闻，所以阴通言语，不泄中外相知之术。敌虽圣智，莫之能识。"

武王曰："善哉！"

【注释】

①卒（cù）：突然。缓急：指危急之事或发生变故之时。

②阴符：古代军中的一种秘密通信方法。符以铜版或竹木版制成，面刻花纹，一分为二，以花纹或尺寸长短为秘密通信的符号。

③益兵：增加兵力，增援。

④稽留：停留，耽误。

【译文】

周武王问姜太公："率领军队深入到诸侯国境内作战，全军突然遭遇到紧急情况，形势可能对我军有利，也可能对我军有害，我想由近处通知远方，让国内策应外面的战场，以满足三军应急的需要，您觉得应当怎么办？”

姜太公回答道：“君主和主将之间进行联系可以用秘密的兵符，一共分为八等：有表示我军大获全胜，将敌军全部歼灭的兵符，长度为一尺；有表示我军击破敌军，擒获敌将的兵符，长度为九寸；有表示我军迫使敌军投降，占领敌人城邑的兵符，长度为八寸；有表示我军击退敌人，通报敌人远逃的兵符，长度为七寸；有激励军民坚守防御的兵符，长度为六寸；有请求补给粮草、补充兵力的兵符，长度为五寸；有报告军队失败，将领阵亡的兵符，长度为四寸；有报告我军战斗失利，士卒伤亡的兵符，长度为三寸。凡是奉命传递兵符的人，如果延误了时间，泄露了机密，无论是听到秘密的还是传告秘密的，都一律处死。这八种兵符，由君主和将帅秘密掌握，

是一种用来暗中传递消息，而不使朝廷和战场的机密泄露出去的通讯手段。这样的话，即便敌人再怎么聪明，也无法识破其中的秘密。”

周武王说：“真是高明啊！”

阴书

【题解】

除了阴符之外，阴书也是古代秘密通信的一种方法。阴符只能简单联络事情，如果与远方沟通的事情复杂或者繁多，就需要依靠阴书来实现。这种书信被分为三部分，交由三个人去送，每个人只持其中一部分，这样大大增强了保密作用。不论是阴符还是阴书，都是古人智谋和智慧的象征。

【原文】

武王问太公曰：“引兵深入诸侯之地，主将欲合兵①，行无穷之变，图不测之利。其事繁多，符不能明；相去辽远，言语不通。为之奈何？”

太公曰：“诸有阴事②大虑，当用书，不用符。主以书遗将，将以书问主，书皆一合而再离，三发而一知。再离者，分书为三部；

三发而一知者，言三人，人操一分，相参而不知情也。此谓阴书[3]，敌虽圣智，莫之能识。”

武王曰：“善哉！”

【注释】

①合兵：集结兵力。

②阴事：秘密的事。

③阴书：古代秘密通信的一种方法，能比阴符传递更具体的消息。

【译文】

周武王问姜太公：“率领军队深入诸侯国境内，君主与将帅想要集结兵力，灵活机动地变化战术，谋求出其不意的胜利。但是这里面的事情十分繁杂，用兵符很难把问题说明白；彼此的距离又十分遥远，难以用语言来沟通。这种情况下应该怎么办？”

姜太公回答说：“所有大计的密谋商议，都应当用阴书，而不能用阴符了。君主用阴书向主将传达指令，主将用阴书向君主请示问题。这种阴书讲究‘一合而再离，三发而一知’。‘一合而再离’的意思，就是把一封信分为三个部分；‘三发而一知’的意思是分别派三个人送信，每人只送其中的一部分，相互参差错开，每个送信的人都不知道书信的内容，这就叫做阴书。这样的话，即便敌人再怎么聪明，也无法识破其中的秘密。”

周武王说：“真是高明啊！”

军势

【题解】

本篇十分详细地讲述了攻伐作战的方法。其一要伺敌而动，灵活作战，既要遵循一般原则，又要出奇制胜；其二要防患于未然，于无形中取胜，不要等失败了才采取措施；其三，作战就一定要攻克敌军，用兵一定要秘密，行动一定要出其不意，计谋一定不要被识破；其四要看清敌人的行动，摸清敌情；其五，作战要善于把握有利时机，“用兵之害，犹豫最大；三军之灾，莫过狐疑”；其六，兵贵神速，军事行动要像“疾雷不及掩耳，迅电不及瞑目”。将领掌握了这些方法原则，就可实现“当之者破，近之者亡”，“野无衡敌，对无立国”了。

【原文】

武王问太公曰：“攻伐之道奈何？”

太公曰：“势因敌家之动，变生于两阵之间，奇正[①]发于无穷之源。故至事不语，用兵不言。且事之至者，其言不足听也；兵之用者，其状不足见也。倏[②]而往，忽而来，能独专而不制者，兵也。夫兵，闻则议，见则图，知则困，辨则危。故善战者，不待张军[③]；

善除患者，理[4]于未生；善胜敌者，胜于无形。上战[5]无与战，故争胜于白刃之前者，非良将也；设备[6]于已失之后者，非上圣也；智与众同，非国师也；技与众同，非国工[7]也。事莫大于必克，用莫大于玄默[8]，动莫神于不意，谋莫善于不识。夫先胜者，先见弱于敌而后战者也，故事半而功倍焉。圣人征[9]于天地之动，孰知其纪？循阴阳之道，而从其候[10]，当天地盈缩[11]，因以为常，物有死生，因天地之形。故曰：未见形而战，虽众必败。善战者，居之不挠[12]，见胜则起，不胜则止。故曰：无恐惧，无犹豫。用兵之害，犹豫最大；三军之灾，莫过狐疑。善战者，见利不失，遇时不疑。失利后时，反受其殃。故智者从之而不释[13]，巧者一决而不犹豫，是以疾雷不及掩耳，迅电不及瞑目，赴

之若惊，用之若狂，当[14]之者破，近之者亡，孰能御之？夫将，有所不言而守[15]者，神也；有所不见而视者，明也。故知神明之道者，野无衡敌，对无立国。”

武王曰：“善哉！”

【注释】

①奇正：出奇制胜和常规战法。

②倏：极快地，忽然。

③张军：展开军队，列阵迎敌。

④理：治理，处理。

⑤上战：高明的作战。

⑥设备：设防。

⑦国工：一国中技艺特别高超的人。

⑧玄默：缄默不言，即保守秘密，不暴露自己的企图。

⑨征：征候。此处为观察，揣度。

⑩候：征兆，契机。

⑪天地盈缩：指自然界的盛衰变化，如四季的更迭、日月的盈亏等。

⑫挠：扰乱，阻止。

⑬释：放开，放下。

⑭当：阻挡。

⑮守：保守，指胸有成竹，老谋深算。

【译文】

周武王问姜太公："进攻作战的原则是什么？"

姜太公回答说："作战的形势是根据敌人的行动来决定的，当敌我双方临阵对战的时候便产生了战术的变化，出奇制胜和常规战法的运用来源于将帅无穷无尽的智慧。因此，最重要的机密不能泄露，用兵的谋略不可言传。况且十分重要的事情，与人说也未必能说得清楚；用兵的道理变化莫测，别人也是很难看得明白的。忽然而去，忽然而来，能独自决定而不受人牵制，这就是用兵取胜的原则。我军出兵，敌人一旦听说，就会商议应对之策；我军行动，敌人一旦发现，就会图谋算计；弱点一旦被敌人掌握，我军就会陷入困境；虚实一旦被敌人摸清，我军就会遭遇危险。所以善于用兵的人，不

等敌方摆开阵势就会发起进攻；善于排除祸患的人，能够在祸患发生之前就将之消除；善于打胜仗的人，能够取胜于无形之中。最高明的作战艺术是无须战斗就能使敌人屈服。因此，与敌人正面交锋殊死搏斗而取胜的，不能称为良将；在失败之后再去采取防备措施的，不能称为智士；智慧与一般人相同的，不能称为国师；技艺与一般人相同的，不能称为国工。军事最重要的莫过于所攻必克，作战最重要的莫过于保守机密，行动最重要的莫过于出其不意，计谋最重要的莫过于神妙难测。凡是胜利的，都是先假装对敌人示弱，然后再进行战斗，这样便可有事半功倍的效果。圣人观察天地的运行，反复探求其中变化的规律，他们是怎么知道这个规律的呢？是根据日月阴阳变化的规律，来推断季候的变化。天地万物的盛衰是常规的事，万物的生死便取决于天地的变化。所以说，没有搞清楚战争的形势就贸然作战，即便军队人数众多，也必定会遭遇失败。善于指挥作战的人，能按兵等待时机，不被假象所干扰，有胜利把握就进攻，没有获胜的可能就停止。所以，不要恐惧，也不要犹豫。对用兵来说危害最大的就是犹豫，对军队来说最严重的灾难就是狐疑。善于打仗的人，看到有利的时机就绝对不会放过，遇到有利的战机也绝对不会迟疑。否则，一旦失掉有利时机，放过有利战机，自己反而会遭殃。所以，明智的指挥者抓住战机就一定不会放过，机智的指挥者一经决定就绝不再犹豫。因此投入战斗的时候，他们的行动像迅雷一样使人来不及掩耳，像闪电一样使人来不及闭眼。

前进的时候犹如惊马奔驰，作战的时候犹如狂风迅猛。前去阻挡的就会被击破，凡是靠近的都会被消灭，这样的军队谁还能抵御呢？将帅用兵，能不动声色而胸有成竹的叫做‘神’，情况未明却能洞察端倪的叫做‘明’。因此，只要掌握了神明之道，野外作战就没有势均力敌的对手，天下也就没有敢与之作对的敌国。”

周武王说：“您说得很好！”

奇兵

【题解】

本篇主要讲用兵的重要原则。作战胜败取决于“神势”，即神妙莫测的用兵气势。而制造神势有二十六种方法，分别为：纵卒乱行以出其不意；深草列兵以方便撤退；险阻列兵以止车骑；隘塞列兵以少击众；坳泽列兵以隐行迹；坦地列兵以显实力；行动快速势猛以破精；埋伏诱敌以擒将；四分五裂以破敌；趁敌惊骇，以一击十；趁敌疲倦，以十击百；使用奇技，以越水渡河；强弩长兵，以隔水对战；远方警戒，行动迅疾，以攻城邑；队列混乱，以行奇谋；风雨作战，搏前擒后；伪称敌使，以绝粮道；与敌同服，假传号令，以备逃走；激励鼓舞，以鼓士众；尊爵重赏，以勉将士；严刑重罚，以惩疏怠；有喜有怒，有赏有罚，有文有武，有慢有快，以调和三

军；驻扎阔地，以便警戒；占据险阻，以固防守；驻扎林草，以隐行动；挖壕筑垒，以持久战。

然后又指出，将帅要懂得攻守策略，灵活用兵，整治纪律。将帅还要具备仁义、勇敢、智谋、公正、精微、警惕、威严七种素质。用兵的方法和原则都掌握了，且又具备七种素质，就可以称为贤将。得贤将，则兵强国昌；不得贤将，则兵弱国亡。

【原文】

武王问太公曰："凡用兵之道，大要[①]何如？"

太公曰："古之善战者，非能战于天上，非能战于地下，其成与败，皆由神势[②]，得之者昌，失之者亡。夫两阵之间，出甲陈兵、纵卒乱行者，所以为变也；深草蓊翳[③]者，所以逃遁也；溪谷险阻者，所以止车御骑也；隘塞山林者，所以少击众也；坳泽窈冥[④]者，所以匿其形也；清明无隐者，所以战勇力也；疾如流矢如发机[⑤]者，所以破精微[⑥]也；诡伏设奇，远张诳诱者，所以破军擒将也；四分五裂者，所以击圆破方也；因其惊骇者，所以一击十也；因[⑦]其劳倦幕舍者，所以十击百也；奇伎者，所以越深水、渡江河也；强弩长兵者，所以逾水战也；长关远侯[⑧]，暴疾谬遁[⑨]者，所以降城服邑也；鼓行喧嚣者，所以行奇谋也；大风甚雨者，所以搏前擒后也；伪称敌使者，所以绝粮道也。谬号令，与敌同服者，所以备走北[⑩]也；战必以义者，所以励众胜敌也；尊爵重赏者，所以劝用命也；严刑重罚者，所以进罢怠[⑪]也；一喜一怒，一与一夺，一文一武，一徐一疾者，所以调和三军，制一臣下也；处高敞[12]者，所以警守也；保险阻者，所以为固也；山林茂秽者，所以默往来也；深沟高垒，积粮多者，所以持久也。故曰：不知战攻之策，不可以语敌；不能分移[13]，不可以语奇；不能治乱，不可以为语变。故曰：将不仁，则三军不亲；将不勇，则三军不锐；将不智，则三军大疑；将不明，则三军大倾[14]；将不精微，则三军失其机；将不常戒，则三军失其备；将不强力，则三军失其职。故将者，人之司命，三军与之俱治，与之俱乱。得贤将者，兵强国昌；不得贤将者，兵弱国亡。”

武王曰：“善哉！”

【注释】

①大要：要旨，要领。

②神势：神妙的态势。

③蓊翳（wěng yì）：草木茂密的样子。

④坳（ào）泽：低洼潮湿的地方。窈（yǎo）冥：幽暗，昏暗。

⑤发机：拨动弩弓的发矢机。

⑥精微：精妙周密。

⑦因：趁着。

⑧长关远侯：在远方设立关卡，派出侦察。

⑨暴疾谬遁：进退诡诈。

⑩北：打了败仗往回逃。

⑪罢怠：疲倦怠惰。

⑫高敞：高大，空间开阔。

⑬分移：灵活机动地使用兵力。

⑭倾：倒下，倾覆。此处为失败，崩溃。

【译文】

周武王问姜太公："关于用兵的法则，其要领是什么？"

姜太公回答说："古代善于用兵的人，并不能上天战斗，也不能下地战斗，他们成功与失败的关键，全在于用兵是否神妙莫测。能造成这种态势的就会取得胜利，不能造成这种态势的就会遭受失败。两军交锋，在敌我两阵之间陈兵列甲，纵容士兵秩序混乱，目的是为了欺诈引诱敌人，以便采取出其不意的行动；占领草木茂盛的地区，目的是为了方便隐蔽地撤退；占领溪水环绕的山谷的险阻地带，目的是为了阻挡敌人的战车和骑兵部队；占领险隘关塞的山林地带，目的是为了用少量兵力打击敌人的强大部队；占领低洼潮湿的幽暗地带，目的是为了隐藏军队的行迹；占领平坦开阔、没有隐蔽的地带，目的是为了同敌人正面较量军事实力；军事行动的速度快如飞箭，攻击之势猛如弩机拨动，目的是为了以迅雷不及掩耳之势打破敌人的精妙策划；巧妙设下埋伏，布置奇兵阵法，虚张声势以诱骗敌人，目的是为了击破敌军并擒获敌军将领；把军队分为若干小队从四面出击，多方进攻，目的是为了打破敌人的圆阵、方阵等各种阵形；趁敌人惊慌失措的时候发起进攻，目的是为了达到以一击十的效果；趁敌人疲劳不堪，天黑宿营的时候进行突袭，目的是为了达到以十击百的效果；利用奇妙精巧的技术架桥造船，目的是为了越过深水、渡过大河；使用强弩和长兵器，目的是为了方便越水作战；在边远地区设置关卡，派出侦察人员，行动迅速，不拘常法，目的是为了降服敌人的城池，占领敌人的土地；故意击鼓前进，鼓声喧嚣，目的是为了迷惑敌人耳目，进而施行奇计妙策；顶着大风暴雨展开行动，目的是为了攻击敌人的先锋，袭击敌人的后续部队；假扮成敌人的使者潜入敌区，目的是为了切断敌人的运粮通道；假传敌人的号令，混穿敌军的服装，目的是为了战败时方便撤退；作战前对士兵们晓以大义，目的是为了鼓舞士众以战胜敌人；对有功

的人加封官爵，加重赏赐，目的是为了劝勉将士不怕牺牲，奋勇效命；实行严厉的刑罚，目的是为了惩治懈怠的士兵，促使他们坚持战斗；有喜有怒，有赏有罚，有礼有威，有慢有快，目的是为了协调全军的意志，统一部属的行动，使上下同心协力；占领视野开阔的高处地形，目的是为了加强警戒和守备；占据险阻要地，目的是为了巩固自己的防御；占领山深林密的地区以及杂草丛生的地带，目的是为了隐蔽军队的往来行动；深挖壕沟，高筑壁垒，多储粮草，目的是为了持久作战。所以说，将帅如果不懂得战争中攻守的策略，就谈不上对敌作战；不能灵活机动地用兵，就谈不上出奇制胜；不通晓军队治乱的关系及整治纪律的重要性，就谈不上随机应变。所以说，将帅不仁慈宽厚，军队就不会拥护他；将帅不勇敢无畏，军队就没有强大的战斗力；将帅不足智多谋，军心就会产生疑惧；将帅不公正严明，军队就会遭到惨败；将帅不精察明辨，考虑问题不周详，军队就会失去有利的战机；将帅如果缺乏警惕性，军队就会疏于戒备；将帅的领导不坚强有力，军队就会松懈而玩忽职守。所以，将帅是军队的主宰，掌握军队的命运，将帅严整，军队会同他一起严整；将帅无能，军队会同他一起混乱。有了贤明精干的将帅，军队就会强大，国家就会昌盛；没有贤明精干的将帅，军队就会衰弱，国家就会覆亡。”

周武王说：“您说得很好！”

五音

【题解】

本篇介绍了用五音配合五行来观察和判断敌情的方法。五音为宫、商、角、徵、羽，五行为金、木、水、火、土。姜太公认为，五音和五行都是天地运行的关键，可以用来了解敌情，其道理非常深奥。

具体探测敌情的方法是：天气晴朗之时，在敌营九百步外，拿律管对准耳朵呼喊，然后听呼应的声音。如果是角声就打西方，徵声就打北方，商声就打南方，羽声就打中央，不回应就打东方。此外，又列举了音律与地方外在迹象互相对应的五种情况。

听声音辨敌情的方法看似玄妙荒诞，其实仍有其可取之处。它告诉了我们在对战过程中，“听”的重要性，也就是要注重情报的作用和探察蛛丝马迹，然后根据不同的情况作出不同的应对。

【原文】

武王问太公曰：“律音①之声，可以知三军之消息，胜负之决乎？”

太公曰：“深哉！王之问也。夫律管②十二，其要有五音——宫、商、角、徵、羽③，此其正声也，万代不易。五行之神，道之

常也，可以知敌。金、木、水、火、土，各以其胜攻之。古者三皇之世，虚无[④]之情，以制刚强。无有文字，皆由五行。五行之道，天地自然。六甲[⑤]之分，微妙之神。其法：以天清净，无阴云风雨，夜半遣轻骑往，至敌人之垒，去九百步外，遍持律管当耳，大呼惊之，有声应管，其来甚微。角声应管，当以白虎；徵声应管，当以玄武；商声应管，当以朱雀；羽声应管，当以勾陈；五管声尽不应者，宫也，当以青龙。以五行之符，佐胜之征，成败之机。”

武王曰：“善哉！”

太公曰：“微妙之音，皆有外候[⑥]。”

武王曰：“何以知之？”

太公曰：“敌人惊动则听之。闻枹鼓[⑦]之音者，角也；见火光者，徵也；闻金铁矛戟之音者，商也；闻人啸呼之音者，羽也；寂寞无闻者，宫也。此五者，声色之符也。”

【注释】

①律音：指六律、五音。

②律管：用竹管或金属管制成的定音器具，共十二管。各管按音阶由低到高依次为黄钟、大吕、太簇、夹钟、姑洗、中吕、蕤（ruí）宾、林钟、夷则、南吕、无射、应钟。

③宫、商、角、徵（zhǐ）、羽：古代的五个音阶。阴阳五行家以五音配五行，宫属土，商属金，角属木，徵属火，羽属水。

④虚无：清静无为，无为而无不为。

⑤六甲：古时用天干地支配成六十组干支，其中以甲起头的有甲子、甲戌、甲申、甲午、甲辰、甲寅六组称为六甲。

⑥外候：外露的征候。

⑦枹（fú）鼓：鼓槌和鼓。

【译文】

周武王问姜太公：“从律管发出的乐声中，可以判断军队力量的盛衰消长，预知战争的胜负吗？”

姜太公回答说：“大王您问的这个问题真是深奥啊！律管共有十二个音阶，其中主要的有五个，即宫、商、角、徵、羽。这是最基本的声音，千秋万代都不会改变。五行相生相克，神妙无比，乃是天地运行变化的自然规律，借此可以预测敌情的变化。金、木、水、火、土五行，各以其相生相克的优势取胜。上古三皇的时候，

崇尚清静无为，用以克制刚强暴虐。当时由于没有文字，所以一切都按照五行生克行事。五行相互生克的原理，是天地演变的自然规律。六甲的演衍和分合，其中的道理深奥玄妙，十分神奇。军事行动中运用五音、五行来探测军情的方法是：当天气清明晴朗，没有阴云风雨的时候，半夜派遣轻骑兵前往敌人营垒，在距离敌营九百步以外的地方，都手拿律管对着耳朵，向敌方大声疾呼，以惊动他们。这时，就会有来自敌方的回声反应于律管中，但声音非常微弱。如果是角声反应于律管中，就应当根据白虎所代表的方位从西方攻打敌人；如果是徵声反应于律管中，就应当根据玄武所代表的方位从北边攻打敌人；如果是商声反应于律管中，就应当根据朱

雀所代表的方位从南边进攻敌人；如果是羽声反应于律管中，就应当根据勾陈所代表的方位从中央攻打敌人；所有律管都没有回声的是宫声的反应，应当根据青龙所代表的方位从东边攻打敌人。所有的这些都是五行相生相克的应验，是辅佐军事行动制胜的征兆，是胜败的关键。”

周武王说：“这方法太妙了！”

姜太公说：“深奥玄妙的音律，都有外在的表现。”

周武王问：“怎么才能知道呢？”

姜太公说：“当敌人被惊动的时候就仔细辨别倾听。听到鼓槌击鼓的声音是角声的反应，见到火光是徵声的反应，听到金铁矛戟等各种兵器的声音是商声的反应，听到敌人的呼叫声是羽声的反应，如果敌营寂静无声则是宫声的反应。这五种情况，表明五种音律与外界的动静各有对应，互相符合。”

兵征

【题解】

“胜负之征，精神先见。”即胜败的征兆，在敌人的精神面貌上就能看出来。也就是通过分析敌军的士气、阵势、军纪等情况，来判断敌人的强弱胜败。具体方法是：全军上下精神高涨，遵纪守法，谈杀敌就欣喜激昂，这是军队强盛的征兆；全军上下散乱不整，不畏法令，不敬上级，谈敌色变，军心不稳，这是军队怯弱的征兆；全军上下队伍整齐，阵势坚固，有深沟高垒和疾风暴雨辅助，旌旗和金鼓十分严整，这是胜利的征兆；全军上下阵势不齐，受恶劣环境摆布，士气衰败，马惊车坏，旌旗和金鼓混乱，这是大败的征兆。

此外，攻城之时可通过望气来判断是否成功：气显惨白可屠，气向北流可克，气向西流可迫降，气向南流则难攻，气向东流又返则守将逃，气溢出覆我军上则不利我军，过十天不雷不雨务必撤退。

【原文】

武王问太公曰：“吾欲未战先知敌人之强弱，预见胜负之征[1]，为之奈何？”

太公曰：“胜负之征，精神[2]先见，明将察之，其败在人。谨候敌人出入进退，察其动静，言语妖祥[3]，士卒所告。凡三军说怿[4]，士卒畏法，敬其将命，相喜以破敌，相陈以勇猛，相贤以威武，此强征也。三军数[⑤]惊，士卒不齐，相恐以敌强，相语以不利，耳目相属，妖言不止，众口相惑，不畏法令，不重其将，此弱征也。三军齐整，阵势已固，深沟高垒，又有大风甚雨之利，三军无故[⑥]，旌旗前指，金铎之声扬以清，鼙鼓[⑦]之声宛以鸣，此得神明之助，大胜之征也。行陈[⑧]不固，旌旗乱而相绕，逆大风甚雨[⑨]之利，士卒恐惧，气绝而不属[⑩]，戎马惊奔，兵车折轴，金铎之声下以浊，鼙鼓之声湿如沐，此大败之征也。凡攻城围邑，城之气色如死灰[⑪]，城可屠；城之气出而北，城可克；城之气出而西，城必降；城之气出而南，城不可拔；城之气出而东，城不可攻；城之气出而复入，城主[⑫]逃北；城之气出而覆我军上，军必病[⑬]；城之气出高而无所止，用兵长久。凡攻城围邑，过旬[⑭]不雷不雨，必亟[⑮]去之，城必有大辅[⑯]。此所以知可攻而攻，不可攻而止。”

武王曰：“善哉！”

【注释】

①征：征兆。

②精神：精神面貌。

③妖祥：凶兆和吉兆。

④说怿（yuè yì）：喜悦。

⑤数（shuò）：屡次。

⑥无故：没有事故，平静安定。此处指不待命令而行动。

⑦鼙（pí）鼓：小鼓和大鼓，古代军队所用。

⑧行陈：巡行军阵。

⑨甚雨：骤雨，大雨。

⑩不属：不相连接，此处为涣散。

⑪死灰：形容颜色惨白。

⑫城主：守城的主将。

⑬病：困难，不利。

⑭旬：十日为一旬。

⑮亟：急切。

⑯大辅：得力的辅佐者。

【译文】

周武王问姜太公："我想在未交战之前，预先知道敌人的强弱，预见战争胜负的征兆，有什么方法吗？"

姜太公回答说："胜败的征兆，首先从敌人的精神面貌上就能看出来。精明的将帅能够察觉，但能否利用这些征兆打败敌人，则在于人的主观努力。要周密谨慎地侦察敌人出入进退的情况，观察他们的一举一动，留意言语中的吉凶预兆以及士卒们相互交流的事情。凡是全军上下喜悦非常，士卒畏惧法令，尊重将帅，服从命令，相互间谈起破敌就欢欣鼓舞，谈起勇猛就慷慨激昂，谈起威武就称赞不已，这是军队战斗力强大的征兆；如果全军上下屡受惊动，士卒散漫混乱，没有秩序，相互间谈起敌人的强悍就恐吓畏惧，传播作战不利的消息，议论纷纷，谣言四起，难以制止，互相煽动怂恿，不畏惧法令，不尊重将帅，这是军队战斗力衰弱的征兆。全军队伍整齐，步调一致，阵势坚固，沟深垒高，又凭借大风大雨的有利气候条件，三军不待命令而旌旗直指前方，金铎的声音高扬而清晰，鼙鼓的声音婉转而嘹亮，这表明军队得到了神明的帮助，是一定会取得大胜的征兆；反之，如果全军队伍不整齐，行阵不稳固，旌旗凌乱并且相互缠绕，又逆着大风大雨的不利气候条件，士卒恐慌失措，士气衰竭而涣散，军马惊骇乱奔，战车轴木折断，金铎的声音低沉而混浊，鼙鼓的声音沉闷而压抑，这是军队大败的征兆。攻城围邑的时候，如果城市上空的气呈现死灰之色，那么这座城可以毁灭；如果城市上空的气溢出且向北流动，那么这座城可以攻克；如果城市上空的气溢出且向西流动，那么可以迫使这座城投降：如果城市上空的气溢出且向南流动，那么这座城就坚不可拔；如果城市上空的气溢出且向东流动，那么这座城就不能进攻；如果城市上空的气出去而又返回，那么守城的主将必定弃城逃跑；如果城市上空的气溢出并且覆盖在我军之

上，我军必遭不利；如果城市上空的气高升而不停止，那么围城作战的时间将会很长。凡是攻城围邑，如果过了十天仍然不打雷下雨，必须要迅速撤退，因为城中一定有贤能之士的辅助。这些就是为什么能攻就攻，不能攻就停止的道理。”

周武王说：“您说得很好！”

农器

【题解】

富国强兵是我国传统的国防政策。本篇着重讲了富国强兵的重要方法，就是兵农合一，将战事准备和农事生产相结合。

即使国家处在太平盛世，也要居安思危，时刻不忘修“战攻之具”，设“守御之备”。战斗准备于平时，才能在战争发起时不乱阵脚，游刃有余。而作战和防守的兵器用具以及作战技术，都可以由农事器具和农业活动变更而来。比如农民耕作的耒耜和锄头，牛车马车，雨具布帛，斧锯杵臼，牛马鸡犬，耕作除草的技术，随时都可以转化为军用物资和作战手段。收获的粮食可以当军粮，百姓编在一起可以作为简易队伍，围墙可以作为战区，修城疏沟可以作为战壕堡垒。在太平的时候，让百姓努力耕作织布，大力饲养六畜，百姓富足了，国家就会强盛，兵力自然就会增强，此为富国强兵之道。

【原文】

武王问太公曰："天下安定，国家无事，战攻之具，可无修乎？守御之备，可无设乎？"

太公曰："战攻守御之具，尽在于人事[①]。耒耜[②]者，其行马蒺藜[③]也。马牛车舆者，其营垒蔽橹[④]也。锄耰[⑤]之具，其矛戟也。蓑薜簦笠[⑥]者，其甲胄干楯也。钁锸[⑦]斧锯杵臼，其攻城器也。牛马，所以转输粮用也。鸡犬，其伺候也。妇人织纴[⑧]，其旌旗也。丈夫平壤[⑨]，其攻城也。春钹[⑩]草棘，其战车骑也。夏耨田畴[⑪]，其战步兵也。秋刈[⑫]禾薪，其粮食储备也。冬实仓廪，其坚守也。田里相伍，其约束符信[⑬]也。里有吏，官有长，其将帅也。里有周垣[⑭]，不得相过，其队分也。输粟收刍[⑮]，其廪库也。春秋治城郭，

修沟渠，其堑垒[16]也。故用兵之具，尽在于人事也。善为国者，取于人事，故必使遂[17]其六畜，辟其田野，安其处所。丈夫治田有亩数，妇人织纴有尺度，是富国强兵之道也。”

武王曰：“善哉！”

【注释】

①人事：人之所为。

②耒耜（lěi sì）：古代一种像犁的翻土农具。耜用于起土，耒是耜上的弯木柄。也用做农具的统称。

③行马：拦阻人马通行的木架。蒺藜：一种带有尖刺的障碍物。

④蔽橹：瞭望观察敌情的望楼。

⑤櫌（yōu）：古代弄碎土块、平整土地的农具。

⑥蓑薛簦笠：都是遮雨的器具。蓑薛，草编的雨衣。簦，古时有柄的笠，即雨伞。笠，斗笠。

⑦镬：大锄。锸：铁锹，掘土的工具。

⑧织纴：指织作布帛之事。

⑨平壤：平整土壤。

⑩钹（pō）：一种两边有钩、有刃，下有长木柄的镰刀。

⑪耨（nòu）：耘田除草。田畴（chóu）：田地。

⑫刈（yì）：割（草或谷类）。

⑬符信：凭证。

⑭周垣：围墙，城墙。

⑮刍：喂饲牲畜的草料。

⑯堑垒：深壕高垒的防御工事。

⑰遂：养。

【译文】

周武王问姜太公："天下太平安定，国家没有战争的时候，攻城的器械可以不用修理整备吗？防守御敌的设施可以不去建设吗？"

姜太公回答说："战时进攻和防御的设备器材，全在于平时的准备。农民耕作所用的耒耜，可用作行马、蒺藜等障碍军械器具；农民的马车和牛车，可作为营垒和蔽橹等防御设备；锄耰等农具，可当作战斗的矛戟来使用；农民用的蓑衣、雨伞和斗笠，可用作战斗时穿的盔甲和盾牌；农民掘土用的钁和锸，伐木用的斧和锯，舂米用的杵和臼，可以当作攻城的器械；农民的牛和马，可以用来转运粮草；农家院子里的鸡和狗，可用来报时和警戒；妇女纺织出来的布帛，可以用来制作战旗；男子平整土地的技术，可用于攻城作业；春天田里割草除棘的方法，可用作同敌方的战车骑兵作战的技术；夏季耘田锄草的方法，可以用作同敌人步兵作战的技巧；秋季收割的庄稼柴草，可用作备战的粮草；冬季粮食堆满仓库，可以为战时的长期坚守作准备；同村同里的百姓，平时相编在一起为伍，就是战时军队编组和管理的依据；里有吏主事，乡有长管理，平时管理百姓，战时便可充当军队的军官；每里之间修筑围墙相隔，不得逾越，战时便是军队的驻地区分；平时运输的粮食，收割的草料，

到了战时便是军队的仓库储备；春秋两季修筑城郭，疏通沟渠，可以当作战时的壁垒沟壕。所以说，打仗作战的器具，全部融合在百姓平时的生产生活之中。善于治理国家的君主，无不重视农业大事。所以他一定会鼓励人民大力养殖六畜，开垦田地，让百姓的住所安定。男子种田达到一定的亩数，让粮食充足；妇女纺织达到一定的尺度，让布匹富足。这就是富国强兵的方法。”

周武王说：“您说得很好！”

卷四　虎韬

《虎韬》有《军用》、《三陈》、《疾战》、《必出》、《军略》、《临境》、《动静》、《金鼓》、《绝道》、《略地》、《火战》、《垒虚》十二篇，主要讲武器装备、布阵、探知情报、特殊条件及情况下的作战方法，各自详细论述了以下主题：作战时武器装备品种和数量的标准；排兵的三种阵法；突围作战的一般方法；夜间突围和渡河突围的方法；河谷水地遇险时，装备器材的重要性；敌我不相上下时的作战方法；如何运用迂回和伏击战法；防敌夜袭、趁势反击和预防埋伏的方法；地形对于作战的重要性；攻城围邑的方法；在草木茂盛地带防御敌人火攻的方法；探知敌军营垒虚实和敌人行动的方法。

军用

【题解】

武器装备是影响军队战力的重要因素之一，是战斗力的物质基

础，对军队士气有很大的影响，甚至还会影响一场战争的胜败。而军队的武器装备和攻守器材，其种类和数量多少是有很大学问的。本篇便按照出兵万人的标准，详细列举了这个规模的军队所需要的武器装备的种类和数目。包括陷坚阵、败强敌的装备配置；陷坚阵、败步骑的装备配置；败步骑、要穷寇、遮走北的装备配置；军队拒守、渡沟壑、渡江河、山林扎营等所需要的装备配置。此外，还需要强弩六千架，戟盾二千套，矛盾二千套，同时还要配备维修器材的工匠三百人。此举兵军用之大数也。

【原文】

武王问太公曰："王者举兵，三军器用，攻守之具，科品①众寡，岂有法②乎？"

太公曰："大哉，王之问也！夫攻守之具，各有科品，此兵之大威也。"

武王曰："愿闻之。"

太公曰："凡用兵之大数，将甲士万人，法用：武冲大扶胥[3]三十六乘，材士强弩矛戟为翼[4]，一车二十四人推之，以八尺车轮，车上立旗鼓，兵法谓之震骇，陷坚陈[5]，败强敌。武翼大橹矛戟扶胥[6]七十二具，材士强弩矛戟为翼，以五尺车轮，绞车连弩自副[7]，陷坚陈，败强敌。提翼小橹扶胥[8]一百四十具，绞车连弩自副，以鹿车轮，陷坚陈，败强敌。大黄参连弩大扶胥[9]三十六乘，材士强弩矛戟为翼，飞凫、电影[10]自副。飞凫，赤茎白羽，以铜为首；电影，青茎赤羽，以铁为首。昼则以绛缟[11]，长六尺，广六寸，为光耀；夜则以白缟，长六尺，广六寸，为流星，陷坚陈，败步骑。大扶胥冲车三十六乘，螳螂武士[12]共载，可以纵击横，可以败敌。辎车骑寇[13]，一名电车[14]，兵法谓之电击，陷坚陈，败步骑寇夜来前。矛戟扶胥轻车[15]一百六十乘，螳螂武士三人共载，兵法谓之霆击，陷坚陈，败步骑。方首铁棓维朌[16]，重十二斤，柄长五尺以上，千二百枚，一名天棓。大柯斧，刃长八寸，重八斤，柄长五尺以上，千二百枚，一名天钺。方首铁锤，重八斤，柄长五尺以上，千二百枚，一名天锤，败步骑群寇。飞钩，长八寸，钩芒长四寸，柄长六尺以上，千二百枚，以投其众。三军拒守，木螳螂剑刃扶胥[17]，广二丈，百二十具，一名行马，平易[18]地，以步兵败车骑。木蒺藜[19]，去[20]地二尺五寸，百二十具。败步骑，要[21]穷寇，遮[22]走北。轴旋短冲矛戟扶胥[23]，百二十具，黄帝所以败蚩尤氏，败步骑，要穷寇，遮走北。狭路微径，张铁蒺藜，芒高四寸，广八寸，长六

尺以上，千二百具，败步骑。突暝来前促战，白刃接，张地罗，铺两镞蒺藜、参连织女[24]，芒间相去二寸，万二千具。旷野草中，方胸鋋矛[25]，千二百具，张鋋矛法，高一尺五寸，败步骑，要穷寇，遮走北。狭路、微径、地陷，铁械锁参连，百二十具，败步骑，要穷寇，遮走北。垒门拒守，矛戟小橹，十二具，绞车连弩自副。三军拒守，天罗虎落[26]锁连一部，广一丈五尺，高八尺，百二十具。虎落剑刃扶胥，广一丈五尺，高八尺，五百二十具。渡沟堑飞桥[27]一间，广一丈五尺，长二丈以上，着转关辘轳，八具，以环利通索张之。渡大水飞江[28]，广一丈五尺，长二丈以上，八具，以环利通索张之；天浮[29]铁螳螂，矩内圆外，径四尺以上，环络自副，三十二具；以天浮张飞江，济大海，谓之天潢，一名天舡[30]。山林野居，结虎落柴营，环利铁索，长二丈以上，千二百枚。环利大通索，大四寸，长四丈以上，六百枚；环利中通索，大二寸，长四丈以上，二百枚；环利小微缧[31]，长二丈以上，万二千枚。天雨，盖重车上板，结枲鉏铻[32]，广四尺，长四丈以上。车一具，以铁杙[33]张之。伐木大斧，重八斤，柄长三尺以上，三百枚。棨钁[34]，刃广六寸，柄长五尺以上，三百枚。铜筑固为垂，长五尺以上，三百枚。鹰爪方胸铁耙，柄长七尺以上，三百枚。方胸铁叉，柄长七尺以上，三百枚。芟[35]草木大镰，柄长七尺以上，三百枚。大橹刀，重八斤，柄长六尺，三百枚。委环铁杙，长三尺以上，三百枚。椓[36]杙大槌，重五斤，柄长二尺以上，百二十具。甲士万人，强弩六千，戟楯一千，矛楯二千，修治攻具，砥砺[37]兵器巧手三百人。此举兵军用之大数也。”

武王曰：“允哉！”

【注释】

①科品：种类，等级。

②法：标准。

③武冲大扶胥：设有大盾的大型战车。扶胥，战车。

④材士：勇武之士。翼：左右两侧的护卫。

⑤陷：攻破，占领。坚陈：坚固的阵势。

⑥武翼大橹矛戟扶胥：装有大盾牌和矛戟的战车。

⑦绞车连弩：一种用绞车张弓，能连续发射箭矢的强弩。自副：辅助自己。

⑧提翼小橹扶胥：装备有小盾牌的小型战车。

⑨大黄参连弩大扶

胥：装备有大黄连弩的大型战车。

⑩飞凫、电影：两种旗帜的名称。

⑪绛缟：大红色的绢。

⑫螳螂武士：骁勇善战的武士。

⑬辎车骑寇：一种轻快的战车。

⑭电车：快得像闪电的战车。

⑮矛戟扶胥轻车：配备有矛戟的轻型战车。

⑯方首铁棓维朌：大方头的铁棒。棓（bàng），同“棒”，棒子。朌（fén），头大的样子。

⑰木螳螂剑刃扶胥：用以拒守的木制战车，形似螳螂，有尖刃向外。

⑱平易：平坦宽广。

⑲木蒺藜：木料制成的形如蒺藜的有刺障碍物。

⑳去：距离。

㉑要：通“邀”，拦阻，截击。

㉒遮：阻挡，拦阻。

㉓轴旋短冲矛戟扶胥：一种配备有冲角矛戟可以旋转的战车。

㉔参连织女：将蒺藜连缀在一起的障碍物。

㉕方胸鋋矛：齐胸高的小矛。鋋（chán），古代一种铁柄短矛。

㉖天罗：缀有蒺藜的网。虎落：篱落，藩篱。

㉗飞桥：保障攻城部队通过城外护城河的一种器材，做法简易

并且在实际中可以灵活运用。

㉘飞江：一种可济渡江河的浮桥。

㉙天浮：古战具，用以渡水。

㉚舡：船。

㉛缧（léi）：绳索。

㉜枲（xǐ）：麻。鉏铻（jǔ yǔ）：排列成锯齿状。

㉝铁杙（yì）：铁桩。杙，橛，桩子。

㉞棨镢（qǐ jué）：古代一种大锄。

㉟芟（shān）：割草。

㊱椓：敲。

㊲砥砺：在磨石上磨。

【译文】

周武王问姜太公："君王兴兵征伐，军队的武器装备和攻守器械，其品种的类别和数量的多少有一定的标准吗？"

姜太公回答："您问的是一个大问题啊！攻守器械的种类和数量，各有不同，这是关系到军队威力强弱的大问题。"

周武王说："我想听听具体的情况。"

姜太公说："凡是用兵作战，武器装备都会有个大概的标准。假设统率甲士万人，所需武器装备的标准是：名为武冲大扶胥的战车三十六辆，需要有技能且勇猛的武士使用强弩、矛、戟在两旁护卫，每车用二十四人推行。这种车装有八尺高的车轮，车上竖旗立鼓。

兵法上管这种战车叫‘震骇’，可以用它攻破坚固的阵地，击败强大的敌人。名为武翼大橹矛戟扶胥的战车七十二辆，需要有技能且勇猛的武士使用强弩、矛、戟在两旁护卫。这种车装有五尺高的车轮，并附设用绞车发射的连弩，可以用它攻破坚固的阵地，击败强大的敌人。名为提翼小橹扶胥的战车一百四十辆，并附设用绞车发射的连弩，这种车装有像鹿车那么大的车轮，可以用它攻破坚固的阵地，击败强大的敌人。名为大黄参连弩大扶胥的战车三十六辆，需要有技能且勇猛的武士使用强弩、矛、戟在两旁护卫，并附设称作‘飞凫’和‘电影’的两种旗帜。飞凫的杆为红色，羽为白色，用铜做旗杆头；电影的杆为青色，羽为红色，用铁做旗杆头。白天用大红色的绢作旗子，长六尺，宽六寸，名叫光耀；夜晚用白色的绢作旗

子，长六尺，宽六寸，名叫流星。这种战车可用来攻破坚固的阵地，击败敌军的步兵和骑兵。名为大扶胥冲车的战车三十六辆，车上载乘被称作‘螳螂’的骁勇武士，可以用它来纵横冲击，击败强大的敌人。名为辎车寇骑的战车，也叫电车，兵法上称它为‘电击’，可以用它攻破坚固的阵地，击败夜间来袭的敌军步兵骑兵。名为矛戟扶胥轻车的战车一百六十辆，每车载乘被称作‘螳螂’的骁勇武士三人，兵法上称之为‘霆击’，可以用它攻破坚固的阵地，击败敌军的步兵和骑兵。大方头铁棒，重十二斤，柄长五尺以上，共置一千二百把，这种武器又叫天棓。长柄斧，刃长八寸，重八斤，柄长五尺以上，共置一千二百把，这种武器又叫天钺。方头铁锤，重八斤，柄长五尺以上，共置一千二百把，这种武器又叫天锤。这些武器都可以用来击败敌军的步兵和骑兵。飞钩，长八寸，钩尖长四寸，柄长六尺以上，共置一千二百把，可以投掷到敌群中间，钩伤敌人。军队防守的时候，应使用一种名为木螳螂剑刃扶胥的战具，每具宽两丈，共置一百二十具，也称为行马，在平坦开阔的地形上，步兵可以用它来阻碍敌军车马的行动。设置木蒺藜，要高于地面二尺五寸，共置一百二十具，可以用它来阻碍敌军步兵和骑兵的行动，还可以拦阻势穷力竭的敌人，截堵撤退逃跑的敌人。名为轴旋短冲矛戟扶胥的战车一百二十辆，黄帝曾用它打败过蚩尤，可以用它来击败敌人的步兵和骑兵，还可以拦阻势穷力竭的敌人，截堵撤退逃跑的敌人。在隘路和小道上，可以布设铁蒺藜。这种障碍物刺长四

寸，宽八寸，每具长六尺以上，共置一千二百具，可以用它来阻碍敌人步兵和骑兵的行动。倘若敌人在黑夜突然逼战来袭，双方刀刃交锋，这时应该布设地网，布置两镞蒺藜和名为参连织女的障碍物，每具的芒尖相距二寸，共置一万二千具。在旷野草木幽深的地区作战，应当布设名为方胸鋋矛的障碍物共一千二百具，布设的方法是让它高出地面一尺五寸。以上这些器具，都可以用来击败敌军的步兵和骑兵，还可以拦阻势穷力竭的敌人，截堵撤退逃跑的敌人。在隘路、小道和低洼的地形上，可以布设名为铁械锁参连的障碍物，共一百二十具，可以用它来击败敌军步兵和骑兵，还可以拦阻势穷力竭的敌人，截堵撤退逃跑的敌人。守卫营门的话，则用矛、戟、小橹各十二具，并附设绞车连弩。军队进行守备防御时，应设置名为天罗虎落锁连的障碍物，每具宽一丈五尺，高八尺，共置一百二十具。并设置名为虎落剑刃扶胥的战车，每辆宽一丈五尺，高八尺，共五百二十辆。倘若渡越沟堑，就需要准备飞桥，每间宽为一丈五尺，长两丈以上，飞桥上装备转关辘轳，共八具，用连环长索架设。横渡江河的话，就要

使用名为‘飞江’的浮桥，宽一丈五尺，长两丈以上，共八具，用连环长索联结起来。天浮和铁螳螂，外圆内方，直径四尺以上，用铁环和绳索将它们联结，共置三十二具。用天浮架设起飞江，可以横渡大河，这种渡河工具叫做天潢，也叫天舡。如果军队在山林旷野地区安营扎寨，应当用木材结成名叫虎落柴营的栅寨，要准备连环铁索一千二百条，每条长两丈以上；需要连环大铁索六百条，粗四寸，每条长四丈以上；需要中等连环铁索二百条，粗两寸，每条长四丈以上；需要小号的绳索一万二千条，每条长两丈以上。下雨的时候，辎重车要盖上车顶板，板上契刻齿槽，使它与车子吻合，还要盖上麻篷布，宽四尺，长四丈以上，每辆车配置一套，并用铁桩加以固定。砍伐树木用的大斧，重八斤，柄长三尺以上，共置三百把；大镢头，刃宽六寸，柄长五尺以上，共置三百把；铜筑固为垂，长五尺以上，共置三百把；鹰爪齐胸铁耙，柄长七尺以上，共置三百把；齐胸铁叉，柄长七尺以上，共置三百把。剪除草木用的大镰，柄长七尺以上，共置三百把；大橹刀，重八斤，柄长六尺，共置三百把；带环的铁橛，长三尺以上，共置三百个；钉橛用的大铁锤，重五斤，柄长二尺以上，共一百二十把。军队万人，需要装备强弩六千架，戟和大盾两千套，矛和盾两千套，以及修理作战器械和磨砺兵器的能工巧匠共三百人。以上就是兴兵作战按一万人计算所需要的装备器材的大致数目。”

周武王说：“的确是这样！”

三陈

【题解】

本篇介绍了排兵布阵的三种阵法，即天阵、地阵和人阵。根据天象布阵是天阵，根据地形布阵是地阵；根据装备兵种和战法布阵是人阵。也就是说，布阵既要考虑自然因素，也要考虑敌方和己方的利弊条件，要趋利避害，才能取得战斗的胜利。

【原文】

武王问太公曰："凡用兵为天陈[①]、地陈、人陈，奈何？"

太公曰："日月星辰斗杓[②]，一左一右，一向一背，此谓天陈。

丘陵水泉，亦有前后左右之利，此谓地陈。用车用马，用文用武，此谓人陈。”

武王曰：“善哉！”

【注释】

①陈：同“阵”。

②斗杓（sháo）：北斗七星的斗柄。北斗七星指天枢、天璇、天玑、天权、玉衡、开阳、摇光。前四颗星叫“斗魁”，又名“璇玑”；后三颗星叫“斗杓”或“斗柄”。

【译文】

周武王问姜太公说：“用兵作战的时候所设的天阵、地阵、人阵，是怎么回事？”

姜太公回答：“根据日月、星辰、北斗星在我们前后左右的具体位置来布阵，就是所谓的天阵；利用丘陵水泽等地形条件来布阵，就是所谓的地阵；根据所使用的战车、骑兵等兵种来布阵，或者使用政治诱降以及武力攻取等不同战法来布阵，就是所谓的人阵。”

周武王说：“您说得很好！”

害怕，我军的将帅心怀畏惧，与敌军交战无法取得胜利。在这种情况下，应该怎么办？"

姜太公答道："大王您所问的问题实在是微妙啊！像这种情况，应当在交战前五天，就先向远方派出侦察兵，窥探敌人的动静，探察敌人前来进攻的征兆，预先设下埋伏等待敌人进犯。必须在对敌军最不利的地形上同他们交战。我军的先锋部队应当避免与敌军正面交战，而需要远远地举着旌旗，拉开我军行列的距离，一定要跑在敌军的前面。与敌人交战的时候，刚一开打就要立即撤退，故意不停地鸣金宣告收兵，后退三里后再回头反击，这时伏兵乘机而起，或攻击敌人两侧，或袭击敌军前后，全军快速地在大作战。敌人一定会大败而逃。"

周武王说："您说得很好！"

金鼓

【题解】

本篇重点论述了深入敌国境内作战，恶劣天气对我军造成不利的局面，敌人夜袭而来，我军如何防备并反击成功的方法。也就是防敌夜袭、趁势反击和预防埋伏。

防敌夜袭的关键在于加强警戒，严格防备，即"以警为固，以

怠为败”。具体方法是设好口令暗号，营垒内外保持联络，金鼓完备，士兵约束，做好各种准备。敌军一旦发现我军戒备森严必然会退却，这时便可发动反击。反击战的关键在于观察敌人气势是否衰弱，反击的时候要注意避免中敌军埋伏，这时就要揣测敌军是真退还是佯退，可将军队分为三个部分，分头进行追击，一定要在入敌伏击圈之前追到敌人，方可取得胜利。

【原文】

武王问太公曰：“引兵深入诸侯之地，与敌相当。而天大寒甚暑，日夜霖雨①，旬日②不止，沟垒悉坏，隘塞不守，斥堠懈怠，士

卒不戒。敌人夜来，三军无备，上下惑乱，为之奈何？”

太公曰：“凡三军，以戒为固，以怠为败。令我垒上，谁何[3]不绝，人执旌旗，外内相望，以号相命，勿令乏音，而皆外向[4]。三千人为一屯，诫而约之，各慎其处。敌人若来，视我军之警戒，至而必还，力尽气怠。发我锐士，随而击之。”

武王曰：“敌人知我随之，而伏其锐士，佯北[5]不止，遇伏而还，或击我前，或击我后，或薄[6]我垒。吾三军大恐，扰乱失次[7]，离其处所，为之奈何？”

太公曰：“分为三队，随而追之，勿越其伏。三队俱至，或击其前后，或陷其两旁，明号审令，疾击而前，敌人必败。”

【注释】

①霖雨：连绵大雨。

②旬日：十天。

③谁何：军营中的口令问答声，用暗号相互识别。

④外向：面向军营的外方。

⑤北：打了败仗往回逃。

⑥薄：迫近。

⑦失次：失伍，掉队。

【译文】

周武王问姜太公：“率领军队深入敌国境内，敌军和我军双方兵

力相当。正值严寒天气或酷暑天气，或者日夜下大雨，连续十天不停止，造成壕沟营垒全部毁坏，山险要隘不能守备防御，负责侦察的哨兵精神麻痹懈怠，士兵们疏于戒备。这时，如果敌人趁夜前来突袭，全军上下都没有准备，军官和士兵们都迷惑混乱，针对这种情况应该怎么办？”

姜太公回答：“一支军队但凡有戒备就能坚固，如果懈怠就会遭受失败。因此，要命令我军营垒之上，一直保持着口令问答之声，哨兵手持旗帜，与营垒内外保持联络，相互传递号令，不要让金鼓之声断绝，对外表示已做好随时战斗的准备。每三千人编成一屯，严格地加以告诫和约束，让每个人各自慎重守备。如果敌人前来进犯，看到我军戒备森严，即使他们逼近我军阵前，也一定会因为畏惧而退去。这个时候，我军应该趁着敌人力尽气竭之际，派遣精锐部队紧随其后攻击敌人。”

周武王又问：“倘若敌人探知到我军要跟踪追击他们，于是事先埋伏下精锐部队，然后假装不断地撤退。当我军进入敌人的伏击圈时，前方的敌军就立马掉转头配合其伏兵向我军反击。有的攻击我军的前部，有的袭击我军的后部，有的逼近我方营垒，从而使我全军非常恐慌，自相惊扰，行列混乱，士兵们各自离开自己在阵中的位置，这种情况下应该怎么办？”

姜太公回答：“应该把我军分为三队，分头向敌人跟踪追击，注意千万不要进入敌人的伏击范围。在抵达敌人的伏击圈前，三支部队就要同时追上敌人。有的攻击敌人的前后方，有的攻击敌人的两侧，并严明号令，让士兵们迅速向前进击。这样，敌人一定会被打败。”

绝道

【题解】

本篇着重阐述了地理地形对于作战的重要性。如果遇到战和守都对我军不利的情况，比如粮道被截断，前后遭受夹击，这时就要控制有利地形，依托山林险阻和水泉林木，把守交通要道，掌握城邑丘墓。防守一旦坚固了，敌人就对我军束手无策了。如果我军遭遇夹击的时候途径大陵、广泽、平易等地带，就要先探察敌情，地形不利的时候，用武冲战车在前面掩护，设置两支后卫部队，安排好前后距离，以方便相互支援。

也就是说，在对敌作战中遇到不利局面时，首先要懂得利用地形，再者要有一个较为完善的部署。做好这些，军队就不至于遭受十分严重的伤亡。

【原文】

武王问太公曰：“引兵深入诸侯之地，与敌相守。敌人绝我粮道，又越我前后①。吾欲战则不可胜，欲守则不可久，为之奈何？”

太公曰："凡深入敌人之境，必察地之形势，务求便利[②]。依山林、险阻、水泉、林木而为之固，谨守关梁，又知城邑、丘墓地形之利。如是，则我军坚固，敌人不能绝我粮道，又不能越我前后。"

武王曰："吾三军过大陵、广泽、平易[③]之地，吾候望[④]误失，卒与敌人相薄[⑤]。以战则不胜，以守则不固，敌人翼[⑥]我两旁，越我前后，三军大恐，为之奈何？"

太公曰："凡帅师之法，当先发远候，去敌二百里，审知敌人所在。地势不利，则以武冲为垒而前，又置两踵军[⑦]于后，远者百里，近者五十里。既有警急，前后相救，吾三军常完坚，必无毁伤。"

武王曰："善哉！"

【注释】

①越我前后：敌人迂回到我军侧后，从前后两面对我军实施夹击。

②便利：有利。

③平易：平坦宽广。

④候望：侦察。

⑤相薄：相迫近。此处指狭路相逢、猝然遭遇。

⑥翼：从两侧包抄。

⑦踵军：后续部队。

【译文】

周武王问姜太公："率领军队深入敌国境内，与敌军对峙。这时候，敌军切断了我军的粮道，并迂回到我军的后方，从前后两方面对我军进行夹击。我想要直接作战怕不能取胜，想要防守又怕无法坚持太久，这种情况应该怎么办？"

姜太公回答："凡是深入敌国境内作战，必须先探明那里的地理地势，务必要占据有利的地形，依托山林、险阻、水泉、树木等以确保阵势的巩固，谨慎严密地守卫关隘桥梁，最好还应该掌握城邑、丘墓等有利地形。这样一来，我军的防守就能稳固，敌人既不能切断我军的粮道，也无法迂回到我军后方，从两面夹击我军了。"

周武王又问："我军通过高大的山陵、宽阔的沼泽以及平坦的地形时，由于先前侦察的情报有误，突然同敌军相遇。我军想要进攻

但害怕不能取胜，想要防御又担心守备不坚固。这时候，敌人从两侧包抄我军，迂回到我军的前后方，致使我军将士非常恐慌。在这种情况下，应该怎么办？”

姜太公回答：“遇到这种情况，统军作战的方法如下：应当先向远方派出侦察兵，在距离敌人二百里的时候，就需要清楚地知道敌军所在的位置。如果地形地势不利于我军的行动，就需要用武冲战车结成营垒在前方掩护推进，并派出两支后卫部队跟在后面，后卫部队和主力的相隔距离远的为一百里，近的则是五十里。一旦遇到紧急情况，前后两方可以互相救援。我军上下如果能经常保持这种完善而坚固的部署，就一定不会遭受伤亡和失败了。”

周武王说：“您说得很好！”

略地

【题解】

本篇主要讲了攻城围邑的方法，即未攻下大城，敌城外有援军这种情况下的打法。其要点有三：第一是加强城外戒备，隔绝敌人外援，使得城内断粮，军民恐慌，不攻而降；第二是查清敌人的外援情况，故留出路，诱敌外逃，然后阻击敌军先锋部队和精锐部队，围困城内老弱残兵，迫其投降；第三是占领城池后，对敌方民众施以仁义和恩德，让其诚心归顺。总而言之，攻城要灵活，将强攻与智取结合起来，其要点归纳起来就是断敌粮道，歼敌援兵。这是攻城作战的一般方法。

【原文】

武王问太公曰："战胜深入，略其地，有大城不可下。其别军①守险，与我相拒。我欲攻城围邑，恐其别军卒至而击我，中外②相合，击我表里。三军大乱，上下恐骇，为之奈何？"

太公曰："凡攻城围邑，车骑必远，屯卫警戒，阻其内外。中人③绝粮，外不得输，城人④恐怖，其将必降。"

武王曰："中人绝粮，外不得输，阴⑤为约誓，相与密谋，夜出，穷寇死战，其车骑锐士，或冲我内，或击我外，士卒迷惑，三军败乱，为之奈何？"

太公曰："如此者，当分军为三军，谨视地形而处。审知⑥敌人别军所在，及其大城别堡⑦，为之置遗缺之道，以利其心，谨备勿失。敌人恐惧，不入山林，即归大邑，走其别军。车骑远要其前，勿令遗脱。中人以为先出者得其径道，其练卒材士必出，其老弱独在。车骑深入长驱，敌人之军，必莫敢至。慎勿与战，绝其粮道，围而守之，必久其日。无燔人积聚⑧，无坏人宫室，冢树社丛⑨勿伐，降者勿杀，得而勿戮，示之以仁义，施之以厚德。令其士民曰：'罪在一人。'如此，则天下和服⑩。"

武王曰："善哉！"

【注释】

①别军：犹偏师，主力军以外的部队。

②中外：敌城中守军与城外援军。

③中人：被围困在城中的敌军。

④城人：被围困在城中的军民。

⑤阴：暗中，暗地里。

⑥审知：清楚地知道。

⑦大城别堡：被我所围城池附近的敌国大城市和堡垒。

⑧燔（fán）：焚烧。积聚：积累聚集起来的物资或钱财。

⑨冢树：坟墓地的树木。社丛：神庙旁的树林。

⑩和服：心悦诚服。

【译文】

周武王问姜太公："我军趁着胜利深入敌国，占领他们的土地，但是还有大城没有攻下，而且敌人在城外另有一支部队固守险要的地形，和我军对峙。我军想要围攻城池，又怕敌军城外的部队突然向我军发起攻击，与城内的守军里应外合，对我方进行两面夹击，以致我方全军大乱，上下恐慌。在这种情况下，应该怎么办？"

姜太公回答："但凡是进攻包围城邑，应当把战车和骑兵安排在离城较远的地方，以起到守卫和警戒的作用，从而隔断敌人内外之间的联系。时间一久，城内军民的粮食必定会断绝，而外面的粮食又不能输入进去。如此一来，城内的军民一定会发生恐慌，守城的敌将必然会投降。"

周武王又问："城内敌军断粮，城外粮食又没办法输入进去。这时候，倘若敌军内外暗中互相联系，秘密谋划突围的事，趁着黑夜出城拼命死战，敌人的战车骑兵以及精锐部队有的突击我军营内，有的进攻我军营外，让我军的士兵恐惧非常，全军混乱不堪，这种情况应该怎么办？"

姜太公回答："遇到这种情况，应该把我军分为三支队伍，在谨慎地探察地形情况后再安营扎寨。仔细探明敌人城外部队所在的位置，以及附近的大城市和其他堡垒的情况，然后为被围困的敌人留出一条道路，引诱他们逃出来，但必须严加戒备，不要让他们真的跑掉。由于被围困的敌人惊恐慌乱，因此突围的时候不是想逃入山林，就是想撤到另一城邑，投靠其他部队。这个时候，我军应该出动一支队伍，将战车和骑兵开到距城较远的地方，阻击敌人突围的先锋部队，不要让他们逃脱掉。在这种形势下，守城的敌军就会误以为他们的先锋部队已经突围成功，打通了撤退的通道，他们的精锐士兵一定会继续出城外逃，只留下一些老弱残兵在城里。然后我军第三支队伍的战车和骑兵深入长驱，直插敌后，这样敌方的守城部队一定不敢继续突围。这时候，我军要格外谨慎，千万不要急于同他们交战，只要切断他们的粮道，把他们围困起来，日子一久，敌人一定会投降。攻克城邑之后，不要焚烧他们的东西，不要毁坏城内民众的房屋，不要砍伐坟地的树木和庙祠的丛林，不要处死投降的敌军士兵，不要虐待被俘的人。借此向敌国的民众显示仁慈之心，施与他们恩惠，并对他们讲：'有罪的只是无道君主一人，与你们无关。'这样，天下就会诚心归顺了。"

周武王说："您说得很好！"

火战

【题解】

本篇重点讲述如何在草木茂盛区域防御敌人火攻的方法。首先要加强警戒，借助云梯和飞楼等器械查探敌情，一旦发现敌人放火，立刻在我军前后烧出隔火“黑地”，然后在“黑地”内布阵，弩兵掩护两翼。倘若敌人向“黑地”进攻，我军可排成“四武冲阵”，以强弩掩护两翼，这是一种可确保不失败的方法。

这种火攻防御术虽然有道理，但是也应该提前做好多手准备。因为由于气候、地形等外界因素的影响，其失败的风险也很大，所以一定要根据情况采取灵活的应对策略。

【原文】

武王问太公曰：“引兵深入诸侯之地，遇深草蓊秽[①]，周[②]吾军前后左右。三军行数百里，人马疲倦休止。敌人因天燥疾风之利，燔吾上风[③]，车骑锐士，坚伏吾后。吾三军恐怖，散乱而走，为之奈何？”

太公曰：“若此者，则以云梯、飞楼，远望左右，谨察前后。见火起，即燔吾前而广延之[④]，又燔吾后。敌人若至，则引军而却，按黑地⑤而坚处。敌人之来，犹在吾后，见火起，必远走。吾按黑地而处，强弩材士卫吾左右，又燔吾前后。若此，则敌不能害我。”

武王曰：“敌人燔吾左右，又燔吾前后，烟覆吾军，其大兵按黑地而起，为之奈何？”

太公曰：“若此者，为四武冲陈，强弩翼吾左右，其法无胜亦无负。”

【注释】

①蓊（wěng）秽：草木茂盛貌。

②周：环绕，围绕。

③上风：上风口。

④燔吾前而广延之：敌人在我前方放火，我也在前方适当地点放火，以隔断敌之火势，使火烧不到我军。

⑤黑地：焚烧后的焦土呈一片黑色，所以称为黑地。

【译文】

周武王问姜太公："率领军队深入敌国境内，遇到了深草区，茂密的树木草丛围绕在我军的前后左右。我军已经行军几百里，人马疲惫困乏不堪，需要停下来宿营休息。这个时候，敌人利用天气干燥、风势迅疾的有利条件，在我军的上风口放火，又派他们的战车骑兵和精锐士卒埋伏在我军的后面，致使我全军恐慌，散乱逃跑，这种情况应该怎么办？"

姜太公回答："这种情况下，应该在宿营地竖起云梯和飞楼，登高瞭望并仔细观察前后左右的情况。一旦发现敌军烧起大火，我军也应该立即在前方较远的地上放火，扩大焚烧面积，同时也在我军后面放火，以便烧出一块黑地。如果敌人前来进攻，我方就把军队撤退到这块烧光草木的黑地上防御坚守。前来进攻的敌军此时仍然在我军后面，看到起火了，必定会退走。我军在黑地上布列阵势，派手持强弩的勇士掩护左右两侧，并继续放火烧掉我军前后的草地。这样一来，敌军就不能加害于我军了。"

周武王问："假如敌人既在我军的左右两侧放火，又在我军的前后方放火，以致滚滚浓烟覆盖了我军的阵地。这个时候，敌人的大军突然向我军据守的黑地发起进攻，应该怎么办？"

姜太公回答："如果遇上这种情况，应当把我军集结成'四武冲阵'的战斗队形，凭借强弩掩护左右两侧。这种办法虽然无法取胜，但也不会遭受失败。"

垒虚

【题解】

本篇讲述了分辨敌军营垒虚实和探知敌人行动的方法。这对于将帅的观察能力有比较高的要求，需要其通晓天文、地理、人事。在高处眺望敌人营垒，观察其士兵的情况，仅凭这些就能知晓敌情。具体方法是：如果听不到敌营里的鼓声和铃声，敌营上空悠闲盘旋着许多飞鸟，空中也没有尘烟，这说明敌营是座空营；如果看到敌人士兵出动和返回等行动混乱，我军这时就可以趁势出击了，这种情况下，即便以少击众，也能够取得胜利。

【原文】

武王问太公曰："何以知敌垒之虚实，自来自去？"

太公曰："将必上知天道，下知地理，中知人事。登高下望，以观敌人变动。望其垒，即知其虚实；望其士卒，则知其去来。"

武王曰："何以知之？"

太公曰："听其鼓无音，铎[①]无声，望其垒上多飞鸟而不惊，上无氛气，必知敌诈而为偶人[②]也。敌人卒去不远，未定而复返者，彼用其士卒太疾[③]也。太疾，则前后不相次[④]；不相次，则行陈必乱。如此者，急出兵击之，以少击众，则必胜矣。”

【注释】

①铎：大铃。

②偶人：指用土木或稻草制成的假人。

③疾：同“急”。

④相次：次序，连接。

【译文】

周武王问姜太公：“怎样才能知道敌人营垒的虚实和敌军调动的情况呢？”

姜太公回答：“身为一军的将帅，上必须知道天时的逆顺，下必须知道地理的险易，中必须知道人事的得失。登到高处向下俯瞰，来观察敌情的变化。从远处观察敌军的营垒，就能知道他们内部的虚实；观察敌军士兵的动态，就

能知道敌军调动的情况。”

周武王问：“怎么才能知道这些事情呢？”

姜太公回答：“听不到敌营里的鼓声，也听不到敌营里的铃声，看到敌军营垒上有许多飞鸟，而且那些鸟儿没受到惊吓，空中也没有飞扬的尘土轻烟，就能够断定这必然是一座空营，敌人不过是用一些假人来欺骗我们。倘若敌人仓促撤退不远，还没有停下来却又急忙返回，这是敌人调动兵力太慌乱的表现。调动太过慌乱的话，前后就没有秩序；没有秩序的话，行列阵势就必然会产生混乱。在这种情况下，我军可迅速出兵打击他们，即使是以少击众，也必定会取得胜利。”

卷五　豹韬

《豹韬》有《林战》、《突战》、《敌强》、《敌武》、《鸟云山兵》、《鸟云泽兵》、《少众》、《分险》八篇，主要讲在各种特殊地形、特殊情况中作战的方法，各自详细论述了以下主题：林地作战法；敌人前来攻城的破敌法；防御敌人夜袭的方法；遭遇战的打法；山地防御战的打法；河川作战的方法；以少击众、以弱胜强战役的打法；山水险隘地带的打法。

林战

【题解】

本篇主要讲述如何游刃有余地在森林地带作战。森林地带草木茂盛，军事行动一般很难施展开，这是弊；容易隐藏行迹，便于突袭战的实施，这是利。

林战的注意事项是：在利于作战的地方部署“四武冲阵”，弓弩

兵在外围，戟盾兵在里层，开辟清理道路。高挂旗帜，令行禁止。林战的具体方法是：以矛戟兵为主力，骑兵为辅助，战车安排在前，见有利时机再出动。险阻地带必须设置“四武冲阵”，一旦交战要速战速决，每支队伍轮番作战休息。

【原文】

武王问太公曰：“引兵深入诸侯之地，遇大林，与敌人分林①相拒。吾欲以守则固，以战则胜，为之奈何？”

太公曰：“使吾三军分为冲陈②，便兵所处③，弓弩为表，戟楯为里。斩除草木，极广吾道，以便战所。高置旌旗，谨敕④三军，无使敌人知吾之情，是谓林战。林战之法，率吾矛戟，相与为伍，林间木疏，以骑为辅，战车居前，见便⑤则战，不见便则止。林多险阻，必置冲陈，以备前后。三军疾战，敌

人虽众，其将可走。更⑥战更息，各按其部，是谓林战之纪⑦。”

【注释】

①分林：敌我双方各占据一部分森林。

②冲陈：四武冲阵。

③便兵所处：便于部队进行战斗行动的地方。

④谨敕：严令，严格地约束、控制。

⑤便：有利的机会。

⑥更：轮流。

⑦纪：原则，准则。

【译文】

周武王问姜太公：“率领军队深入敌国境内，遇到茂密的森林地带，我军与敌军各自占领森林的一部分互相对峙。我军想要达到防御就能稳固阵地，进攻就能取得胜利的效果，应该怎么去做？”

姜太公回答：“将我军部署为‘四武冲阵’的战斗队形，配置在方便作战的地方，弓弩兵布设在外围，手持戟盾的兵布设在里层，并砍去草木，拓宽道路，以便于我军的战斗行动。将旗帜高高挂起，以方便联络，严格约束控制全军，不让敌人探察到我军的情况，这就是所说的森林作战法。森林作战具体的方法是：将我军使用矛、戟等不同兵器的士兵，混合编组为战斗小分队。碰到森林中树木稀疏的地方，就以骑兵辅助作战，把战车安排在前面，发现对我军有

利的时机就战斗，看不到有利的时机就不战。如果森林中大多是险阻的地形，就必须将士兵们部署为‘四武冲阵’的队形，以防备敌人攻击我军的前方和后方。战斗的时候，一定要让全军迅速勇猛地进行作战。这样的话，即便敌军人数众多，也会被我军击败。我军在战斗的过程中要轮番作战、轮番休息，各部队均要按照编组实施行动，这是森林作战的一般原则。”

突战

【题解】

本篇主要论述了两种情况，一种是敌军突然迫我城下，我军如何破敌成功；一种是敌人分路行动攻我城下，我军如何破敌成功。针对第一种情况，应抓住敌人的弱点，即敌人突然来袭，必粮草不足，可通知我远方精锐部队突袭敌人后方，然后与城内部队于夜间里应外合，全军激战，可击败敌军。针对第二种情况，倘若敌人分路行动，我军应早做好准备，将营垒和旗鼓布置妥当，设置伏兵，完善城防，让敌人误认为守城乃我军主力，诱敌攻城，然后出动伏兵突袭，我方全军将敌军包围，可击败敌军。

【原文】

武王问太公曰：“敌人深入长驱，侵掠我地，驱我牛马，其三军大至，薄[①]我城下。吾士卒大恐，人民系累[②]，为敌所虏。吾欲以守则固，以战则胜，为之奈何？”

太公曰：“如此者，谓之突兵[③]。其牛马必不得食，士卒绝粮，暴击而前。令我远邑别军，选其锐士，疾击其后。审其期日，必会于晦[④]。三军疾战[⑤]，敌人虽众，其将可虏。”

武王曰：“敌人分为三四，或战而侵掠我地，或止而收我牛马。其大军未尽至，而使寇薄我城下，至吾三军恐惧，为之奈何？”

太公曰：“谨候敌人未尽至，则设备而待之。去城四里而为垒，金鼓旌旗皆列而张，别队为伏兵。令我垒上多积强弩，百步一突门[⑥]，门有行马，车骑居外，勇力锐士，隐伏而处。敌人若至，使我轻卒合战而佯走。令我城上立旌旗，击鼙鼓，完为守

备。敌人以我为守城，必薄我城下。发吾伏兵，以冲其内，或击其外。三军疾战，或击其前，或击其后。勇者不得斗，轻者不及走。名曰‘突战’。敌人虽众，其将必走。”

武王曰：“善哉！”

【注释】

①薄：迫近。

②系累：捆绑，拘囚。

③突兵：骤然进攻的军队，担任突击作战任务的部队。

④晦：夜晚。

⑤疾战：力战，死战。

⑥突门：正式城门以外的秘密出口，也就是在城墙或垒壁上预先开设的便于部队出击的暗门。一般由城墙内向外挖，外面留四、五寸不挖透。部队出来时，临时将其推倒，突然出击。

【译文】

周武王问姜太公：“敌军长驱直入发动进攻，侵掠我国的土地，抢夺我国的牛马，他们的大军蜂拥而来，逼近我们的城下。我军的士兵非常恐慌，百姓被拘禁，成为俘虏。这种情况下，我军想要达到防御就能稳固阵地，进攻就能取得胜利的效果，应该怎么做？”

姜太公回答：“这类敌军，被称为突袭部队。他们一定缺少喂养牛马的饲料，他们的士兵一定是没有粮食吃的，所以才凶猛地向我军发动进攻。遇到这种情况，应当立刻命令我军驻扎在远方的其他部队，挑选一些精锐士兵，迅速袭击敌人的后方。然后详细计算并确定会攻作战的时间，一定要让援军在夜色昏暗时与我们会合，全军迅速猛烈地同敌军战斗。这样的话，即便敌军人数众多也于事无补，他们的将领一定会被我军俘虏。”

周武王又问：“如果敌军分为三四个部分，一部分向我国发起进攻并侵占我国土地，一部分驻扎并掠夺我国的牛马财物，他们的主力大军还没有完全到达，而使一部分兵力进逼我城下，以致我方全军恐惧不已，这种情况应该怎么办？”

姜太公回答：“这时候就应该先仔细观察情况，在敌军还没有完全到达以前，先做好守备防御工作，严阵以待。具体的方法是：在距离城池四里远的地方修建营垒，把金鼓旌旗全都布列张扬起来，接着另外派一支部队作为伏兵。命令我方营垒上的部队将强弩多多集中起来，每一百步设置一个可供部队出击的暗门，门前放置行马等障碍物，用以封锁。战车和骑兵安排在营垒外面，勇敢精锐的士兵纷纷隐蔽埋伏起

来。如果敌军到达，先派我军的轻装部队同敌军交手，旋即诈败撤退，然后命令我方守军在城墙上竖立旗帜，敲击鼙鼓，做好充分的防守准备。敌人认为是我方主力军队在防守城邑，所以一定会进逼城下。这时候，我方突然出动伏兵，突入敌军阵内，或者攻击敌人阵外。同时再命令我方全军迅速出击，勇猛战斗，同时包围攻击敌人的正面和后方，致使敌军中勇敢的士兵也无法战斗抵抗，轻装的士兵根本来不及逃跑。这种战法称为'突战'。如此一来，即便敌军人数众多也于事无补，他们的将领最终一定会战败逃走。"

周武王说："您讲得很好！"

敌强

【题解】

夜战向来是出奇制胜的重要手段，抓住敌人松懈之机迅速猛烈出击，杀他个措手不及。因此，防止敌人夜袭的方法就是加强戒备，万一遇到敌人夜袭也不可慌了阵脚，要将计就计，勇于应战。

本篇讲述的就是在敌强我弱的情况下，应对敌人夜袭的方法。开头先指出我军遇到夜袭时务必要出战，不宜防守。首先挑选弩兵，以战车骑兵为两翼，然后攻击敌人的前后表里，致使敌军混乱而失败。倘若敌人在前后左右阻截包围了我军，这种危难的境况下，我军应该明号审令，出动精锐士兵，持火擂鼓，营造声势。探察敌情，攻击敌人内外，士兵们佩戴识别标记，灭火停鼓，里应外合按计划行动，猛烈攻击便可破敌。

【原文】

武王问太公曰："引兵深入诸侯之地，与敌人冲军相当①，敌众我寡，敌强我弱。敌人夜来，或攻吾左，或攻吾右，三军震动。吾欲以战则胜，以守则固，为之奈何？"

太公曰："如此者，谓之'震寇'②。利以出战，不可以守。选吾材士强弩，车骑为之左右，疾击其前，急攻其后，或击其表，或击其里。其卒必乱，其将必骇。"

武王曰："敌人远遮③我前，急攻我后，断我锐兵，绝我材士，吾内外不得相闻④，三军扰乱，皆散而走，士卒无斗志，将吏无守心，为之奈何？"

太公曰："明⑤哉，王之问也！当明号审令，出我勇锐冒将之士，人操炬火⑥，二人同鼓，必知敌人所在，或击其表，或击其里。微号⑦相知，令之灭火，鼓音皆止，中外相应，期约皆当。三军疾战，敌必败亡。"

武王曰："善哉！"

【注释】

①冲军：突击的军队，担任突击任务的部队。相当：相遇。

②震寇：使我军感到震恐的敌军，意为在夜间对我军实施强袭

之敌。

③遮：阻挡，拦阻。

④相闻：互通信息，互相通报。

⑤明：高明。

⑥炬火：点燃的火把。

⑦微号：暗号。

【译文】

周武王问姜太公："率领军队深入敌国境内，与敌军的突击部队正面接触，敌军人马多，我军人马少，敌军强大，我军弱小。再加上敌军又趁着黑夜前来攻击，时而攻打我军左翼，时而攻打我军右翼，致使我全军上下震动恐慌。这种情况下，我军想要达到进攻就

能取得胜利，防御就能稳固阵地的效果，应该怎么做？”

姜太公回答：“这样的敌人叫‘震寇’。对付这样的敌人，我军适合出战，而不适宜防守。应该挑选身怀技艺的勇士和强有力的弓弩，用战车和骑兵作为左右两翼，迅猛地攻击敌军的正面，急速地攻击敌军的侧后，既要攻击敌人的阵外，又要攻击敌人的阵内。这样一来，敌军的士兵一定会混乱不堪，敌人的将帅一定会惊骇恐慌，遭受失败。”

周武王又问：“倘若敌人在远处阻截我军的前方，急速地攻击我军的后方，截断我方精锐的援军部队，阻绝我方应援的勇士，致使我军内外失去联系，以致全军混乱，分散逃走。士兵们失去斗志，军官们无心坚守阵地，这种情形应该怎么办？”

姜太公回答：“大王您问的这个问题真是高明啊！这种情况下，应该发出明确的号令，出动我军勇猛精锐、敢于冒险的士兵，让每个人的手上都持有火炬，两个人共击一面鼓。必须探知到敌人的准确位置，然后发起进攻，有的攻击敌军的外部，有的冲击敌军的内部。攻击时，每个士兵都凭借暗号互相识别确认身份，同时扑灭火炬，停止击鼓，接着内外互相策应，所有人都按照预先约定好的计划行动。全军迅速出击，英勇奋战，敌人一定会失败逃跑。”

周武王说：“您讲得真好！”

敌武

【题解】

本篇主要讲述了遭遇战的打法，也就是文章开篇提到的情况，深入敌国境内，突然遭遇敌人。如果形势对我军非常不利，即敌军人多势猛，以战车骑兵包围我军两翼，我军随时面临失败甚至覆灭的危险，这种情况下该如何扭转局势呢？

具体方法是，以弩兵设伏，将战车和骑兵配置在两翼，敌人一旦入伏击圈，马上将其歼灭。万一敌众我寡，敌强我弱，我军难以抵挡的话，就要以弩兵埋伏在两侧，战车骑兵布成坚阵，敌人一旦进入我伏击圈，我军立刻从各个方向猛烈进攻攻击，如此便可败敌。

【原文】

武王问太公曰："引兵深入诸侯之地，卒①遇敌人，甚众且武，武车骁骑绕我左右，吾三军皆震，走不可止，为之奈何？"

太公曰："如此者，谓之'败兵'。善②者以胜，不善者以亡。"

武王曰："为之奈何？"

太公曰："伏我材士强弩，武车骁骑为之左右，常③去前后三里。敌人逐我，发我车骑，冲其左右，如此，则敌人扰乱，吾走者自止。”

武王曰：“敌人与我，车骑相当，敌众我少，敌强我弱，其来整治[4]精锐，吾陈不敢当[5]，为之奈何？”

太公曰：“选我材士强弩，伏于左右，车骑坚陈而处。敌人过我伏兵，积弩[6]射其左右，车骑锐兵，疾击其军，或击其前，或击其后。敌人虽众，其将必走。”

武王曰：“善哉！”

【注释】

①卒（cù）：突然。

②善：善于用兵打仗。

③常：一般。

④整治：整齐而有秩序。

⑤不敢当：无法匹敌，难以抵挡。

⑥积弩：集中弓弩连射。

【译文】

周武王问姜太公："率领军队深入敌国境内，突然与敌军相遇，敌军人数众多且十分勇猛厉害，并用武冲大战车和骁勇的骑兵包围我军的两翼。我方全军震慑恐慌，纷纷逃窜，无法阻止，这种情况应该怎么办？"

姜太公回答："这样的军队叫'败兵'。善于用兵的人如果处理得好，可以因此而取胜；不善于用兵的人如果处理得不好，也可能因此而败退。"

周武王又问："面对这种局面，具体应该采取什么办法处理？"

姜太公回答："应该埋伏好我军的强弩勇士，并将威力大的武冲大战车和骁勇善战的骑兵安排在其左右两翼，伏击的地点一般设置在距离我军主力前后约三里的地方。敌军如果前来追击我们，就立即出动我军的战车和骑兵，攻击敌人的左右两侧。这样一来，敌军就会陷入混乱的状态，我军逃跑的士兵自然就会停止逃跑。"

周武王再问："敌我双方的战车、骑兵相遇，敌军人马多，我军人马少，敌军强大，我军弱小。敌人前来进攻，阵势整齐不乱，士兵精锐有力。我军想要和敌军对阵而战，却难以抵挡，这种情况下应该怎么办？”

姜太公回答：“这种情况下，应当挑选我军的强弩勇士，埋伏在左右两侧，并把战车和骑兵布设成坚固的阵势进行防御。当敌人通过我军埋伏的地方时，立刻集中弓弩，朝着敌军的左右两翼进行密集射击，并出动战车、骑兵以及勇猛精锐的士兵，猛烈迅速地朝敌军进攻，时而攻击敌军的正面，时而攻击敌军的侧后。这样一来，即便敌军人数众多也于事无补，他们的将领最终一定会战败逃走。”

周武王说：“您讲得真好！”

鸟云山兵

【题解】

山地战难度较大，因为地形复杂，行军不变，战车和骑兵都不易发挥作用，同外界联络消息和军需补给上都有一定的困难，所以无论是攻或者守，都不容易实施。本篇主要讲了山地的防御战该如何打，也就是，遇到山地地形，没有草木遮蔽，四面受敌，我军又军心动摇的情况下，当如何取胜。

军队在山顶就容易被孤立，军队在山麓就容易被困住。应当布成鸟云之阵，也就是如鸟散云合般机动灵活，即控制机动部队，支援各方作战。对山的前后四面都要进行戒备，凡是敌人可能入侵的

地方都要戒备，阻绝交通要道和谷地。高挂旗帜以联络，严阵以待，将整个山地构设成坚固防御地，即“山城”。等我军各方面都准备妥当，敌人来攻时，便会被打败。

【原文】

武王问太公曰：“引兵深入诸侯之地，遇高山磐石①，其上亭亭②，无有草木，四面受敌。吾三军恐惧，士卒迷惑。吾欲以守则固，以战则胜，为之奈何？”

太公曰：“凡三军处山之高，则为敌所栖③；处山之下，则为敌所囚④。既以被山而处，必为鸟云之陈⑤。鸟云之陈，阴阳皆备。或屯其阴，或屯其阳。处山之阳，备山之阴；处山之阴，备山之阳；

处山之左，备山之右；处山之右，备山之左。其山敌所能陵[6]者，兵备其表，衢道[7]通谷，绝以武车，高置旌旗，谨敕[8]三军，无使敌人知我之情，是谓山城。行列已定，士卒已陈，法令已行，奇正[9]已设，各置冲陈于山之表，便兵所处，乃分车骑为鸟云之陈。三军疾战，敌人虽众，其将可擒。”

【注释】

①磐石：厚而大的石头。

②亭亭：高耸貌。

③栖：鸟类歇宿于树上，此处指为敌所逼而不能下来。

④囚：囚禁，指为敌所围困。

⑤鸟云之陈：指变化多端的阵法，如鸟散云合，聚散无常。

⑥陵：攀登。

⑦衢（qú）道：歧路，岔路。

⑧谨敕：严令。

⑨奇正：古时兵法术语。古代作战以对阵交锋为正，设伏掩袭等为奇。

【译文】

周武王问姜太公：“率领军队深入敌国境内，遇到高山巨石，山峰高耸，没有草木，四面都受到敌人攻击。我全军上下十分恐慌害怕，士兵迷惑惶乱，手足无措。这种情况下，我军想要达到防御就

能稳固阵地，进攻就能取得胜利的效果，应该怎么做？”

姜太公回答：“凡是把军队部署在山顶之上，就容易被敌人所困，不得自由下山；凡是把军队部署在山脚地区，就容易被敌人所围，不得自由行动。因此，如果我军在山地环境中作战，就必须把军队布设成‘鸟云之阵’。所谓‘鸟云之阵’，就是控制机动部队，支援各方面作战，对山南山北的各个方面都要加以戒备。也就是说，军队既要驻守山的北面，又要驻守山的南面。驻扎在山的南面，同时要戒备山的北面；驻扎在山的北面，同时要戒备山的南面；驻扎在山的左面，同时要戒备山的右面；驻扎在山的右面，同时要戒备山的左面。凡是山上敌人能够攀登的地方，都要派兵守备防御，交通要道和能通行的谷地，就要设置战车加以阻绝。将旗帜高高挂起，以方便联络，整饬三军，严阵以待，不要让敌人探知到我军的情况，使所占领的山地构成坚固的防御地带，就叫‘山城’。部队的行列已经排定，士兵们已经列阵，法令制度已经颁布施行，正面作战和偷袭设伏的奇正方略已经安排妥当，各部队都编成冲阵，布设在山上比较突出的高地，以便于作战，然后把战车和骑兵布设成鸟云之阵。当敌军来袭击时，我全军上下猛烈急速地战斗。这样一来，即便敌军人数众多也于事无补，他们的将领最终会被我军俘获。”

鸟云泽兵

【题解】

本篇主要讲述了河川作战的方法，而且假设的情形是我军处于劣势。即与敌人隔河对峙，敌人实力强过我军，我军攻亦不是，防亦不是，军备缺乏，补给困难。这种情况下，应该运用欺诈策略，迅速转移，并在后方设置伏兵，阻截敌人追兵。如果敌人不上当的话，就要用钱财秘密贿赂敌军官员。如果敌人知道我军有伏兵，只派小部队渡河攻打我军，我军应布设“四武冲阵”，把战车骑兵布为“鸟云之阵”，猛烈攻击。等敌人派兵增援，就派伏兵和战车骑兵从四面进攻，敌人就会失败。其中要注意一项用兵的原则，就是要用“四武冲阵”和“鸟云之阵”两种阵法相互配合才能取得成功。

【原文】

武王问太公曰：“引兵深入诸侯之地，与敌人临水相拒。敌富而众，我贫而寡，逾水击之则不能前，欲久其日则粮食少。吾居斥卤之地[①]，四旁无邑，又无草木。三军无所掠取，牛马无所刍牧[②]，为之奈何？”

太公曰：“三军无备[③]，牛马无食，士卒无粮，如此者，索便诈

敌而亟[4]去之，设伏兵于后。”

武王曰：“敌不可得而诈，吾士卒迷惑，敌人越我前后，吾三军败乱而走，为之奈何？”

太公曰：“求途之道，金玉为主[5]，必因敌使，精微为宝[6]。”

武王曰：“敌人知我伏兵，大军不肯济，别将分队，以逾于水，吾三军大恐，为之奈何？”

太公曰：“如此者，分为冲陈，便兵所处。须[7]其毕出，发我伏兵，疾击其后，强弩两旁，射其左右。车骑分为鸟云之陈，备[8]其前后，三军疾战。

敌人见我战合，其大军必济水而来。发我伏兵，疾击其后，车骑冲其左右，敌人虽众，其将可走。凡用兵之大要[9]，当敌临战，必置冲陈，便兵所处，然后以车骑分为鸟云之陈，此用兵之奇也。所谓鸟云者，鸟散而云合，变化无穷者也。”

武王曰：“善哉！”

【注释】

①斥卤之地：盐碱地带。此处指荒芜贫瘠的地方。

②刍（chú）牧：割草放牧。

③备：战备器械。

④便：有利的机会。亟（jí）：快速。

⑤金玉为主：以金银珠宝为欺诱敌人的主要手段。

⑥精微为宝：谋划或行动时，把精细秘密作为最宝贵的手段。

⑦须：等待。

⑧备：防备，戒备。

⑨大要：要旨。

【译文】

周武王问姜太公：“率领军队深入敌国境内，和敌军隔着河水互相对峙。敌军的资材充足，兵力很多，我军的资材贫乏，兵力很少。我军想要渡河进攻，却无力前进；想要拖延时日，却又缺少粮食，撑不了很久。而且我军身处荒芜贫瘠的地方，附近既没有城邑，也

没有草木，军队无处掠取物资，也无处放牧牛马，遇到这种情况应该怎么办？”

姜太公回答：“军队没有装备器械，没有可以喂饲牛马的草料，也没有可以供养士兵的粮食。这种情况下，应当寻找机会欺骗敌人，然后迅速转移到别的地方，并在后面安排伏兵，以截断敌人对我方的追击。”

周武王又问：“如果敌人不上我军的当，我军的士兵迷惑恐惧，敌人行进到我军前后，致使我方全军溃散乱逃，遇到这种情况应该怎么办？”

姜太公回答：“这种时候想要寻求出路的话，主要就得用金银珠宝来贿赂敌人的军使。这件事情必须要谋划得精密细致，千万不要让敌人察觉到。”

周武王再问：“如果敌人已经探知我军设有伏兵，他们的大军不肯渡河，而是另外派一支小部队渡河向我军发起进攻，我方全军上下非常震动恐慌，遇到这种情况应该怎么办？”

姜太公回答：“这种情况下，我方应该将军队部署为‘四武冲阵’，安排在便于作战的地方。等到敌军的小部队全部渡河后，我军立即发动伏兵，猛烈地攻击敌军的侧后，用强弩从两旁射击敌人的左右两侧。同时把我军的战车和骑兵布列为‘鸟云之阵’，戒备前方和后方，命令全军猛烈地进行战斗。敌人一旦发现我军和他们的小部队交战，他们的大军一定会渡河前来。这时候指挥我方的伏兵，猛烈地攻击敌军的侧后，并派战车和骑兵冲击敌军的左右两翼。这样一来，敌军虽然人数众多，也一定会被打败，他们的将领一定会逃走。但凡是用兵，最基本原则是，当与敌军对阵作战的时候，一定要把军队布列为‘四武冲阵’，安排在便于作战的地方，然后再把战车和骑兵布设成‘鸟云之阵’，这就是出奇制胜的作战方法。所谓鸟云，就是像鸟散云合那样，灵活机动，变化多端。”

周武王说：“您讲得很好！”

少众

【题解】

想要打一场以少击众、以弱胜强的战役并不容易，但战争史上这种战役并不罕见。

以少胜多，必须要在夜晚的深草地带进行，在险隘道路上截击敌人，达到出奇制胜的效果。以弱胜强就必须要得到大国的帮助。

如果这些条件都不具备，就要采取以下手段：先诱使敌人通过深草地带，让他们绕远路，拖延时间，等到晚上再交战。趁敌人前后部队没做好准备的时候，猛烈攻击敌人两翼，扰乱敌人前后。与大国结交，可从其国君和贤士入手，达成结盟。

【原文】

武王问太公曰："吾欲以少击众，以弱击强，为之奈何？"

太公曰："以少击众者，必以日之暮，伏于深草，要①之隘路；以弱击强者，必得大国之与②，邻国之助。"

武王曰："我无深草，又无隘路，敌人已至，不适日暮。我无大国之与，又无邻国之助。为之奈何？"

太公曰："妄张诈诱，以荧惑③其将。迂其道，令过深草；远其路，令会日暮。前行未渡水，后行未及舍④，发我伏兵，疾击其左右，车骑扰乱其前后。敌人虽众，其将可走。事⑤大国之君，下邻国之士；厚其币，卑其辞。如此，则得大国之与，邻国之助矣。"

武王曰："善哉！"

【注释】

①要：通"邀"，拦阻，截击。

②与：帮助，援助。

③荧惑：使人迷惑。

④舍：宿营。

⑤事：侍奉，供奉。

【译文】

周武王问姜太公："我军打击敌人想要以少击众，以弱击强，应该怎么做？"

姜太公回答："想要实现以少击众的话，就必须利用日暮昏暗的时候，将军队埋伏在深草丛生的地带，在险隘的道路上阻截敌人；而想要实现以弱击强的话，就一定要得到大国的帮助和邻国的支援。"

周武王问："如果我军没有深草地带可供埋伏，也没有险隘的道路可以利用，敌人大军逼近的时候又恰好不在日暮时分。而且，我军既没有大国的帮助，也没有邻国的支援，这种情况又该怎么办呢？"

姜太公回答："这种时候就应该虚张声势，用引诱诈骗的手段去迷惑敌将。诱使敌人迂回行军，使他们经过深草地带；引诱敌人绕走远路，拖延时间，迫使他们正好在日暮的时候同我军交战。趁着敌军的先锋部队还没有全部渡水，后续部队还来不及宿营的时候，发动我军的伏击部队，迅速猛烈地攻击敌军的两翼，并派我军的战车和骑兵扰乱敌人的前方和后方。这样一来，纵使敌军的人数众多，也一定会被我军打败。除此之外，还要恭敬地侍奉大国的君主，礼遇结交邻国的贤士，多多送给他们钱财，言辞要谦逊有礼，这样就能够得到大国的支持和邻国的援助了。"

周武王说："您讲得很好！"

分险

【题解】

本篇论述了山地水谷险要地带的作战方法，说明了地形对于战争的重要作用。作战一定要占据有利地形，占据主导权才有可能取胜。

开头举出的情况是我军与敌军各据险要，相互对峙。这时候，我军一旦占领山的一边，就要迅速戒备另一边，没有船只渡河就要运用渡河器材，先锋部队要迅速开辟道路，抢占有利地形。用战车掩护，配以弩兵。阻绝交通枢纽和谷口，形成“车城”的防御架构。若是进攻险要地带的话，要以战车为先锋，盾牌为防护，弩兵护两翼，步兵排成“四武冲阵”，三军同时前进，轮番作战休息，便可取胜。

【原文】

武王问太公曰：“引兵深入诸侯之地，与敌人相遇于险厄[①]之中。吾左山而右水，敌右山而左水，与我分险相拒。吾欲以守则固，以战则胜，为之奈何？”

太公曰：“处山之左，急备山之右；处山之右，急备山之左。

险有大水，无舟楫者，以天潢济吾三军；已济者，亟广吾道，以便战所。以武冲为前后，列其强弩，令行陈皆固。衢道谷口，以武冲绝之。高置旌旗，是谓‘车城’②。凡险战③之法，以武冲为前，大橹为卫，材士强弩翼吾左右。三千人为屯，必置冲陈，便兵所处。左军以左，右军以右，中军以中，并攻而前。已战者，还归屯所，更④战更息，必胜乃已。”

武王曰；“善哉！”

【注释】

①险厄：险要的地方。

②车城：通过连结战车而构筑起来的营寨。

③险战：险隘地带的战斗。

④更：轮流。

【译文】

周武王问姜太公：“率领军队深入敌国境内，同敌人在险阻狭隘的地方相遇。我军所处的地形是左依山右临水，敌军所处的地形是右依山左临水，两方各据险要，相互对峙。这种情况下，我军和敌军都想达到防御就能稳固阵地，进攻就能取得胜利的效果，应该怎么办？”

姜太公回答：“当我军占领了山的左侧时，应当迅速戒备山的右侧；占领了山的右侧时，应当迅速戒备山的左侧。遇到险要地区中的大江大河，如果没有船只可以利用，就应该用‘天潢’等浮渡器材帮助我军渡水。已经渡过江河的先锋部队，应当迅速地开辟出前进的道路，抢占有利的地形，以方便主力部队进入战场。要使用武冲大战车掩护我军的前方和后方，布设强弩，使我军的行列和阵形稳固。对于通往几个方向的交通枢纽要道和山谷的谷口，要用武冲大战车加以阻绝，并高高挂起旌旗，这样就构成了一座用战车连接起来的‘车城’。针对险要地带的作战方法是，将武冲大战车安排在前面，用大盾牌作为防护，安排强弩勇士护卫我军左右两翼的安全。每三千人为一屯，编成‘四武冲阵’的阵形，部署在方便作战的地形上。战斗的时候，左军用于左翼，右军用于右翼，中军用于中央，

三军并肩攻击，向前推进。已经战斗过的部队回到原屯驻聚集地休整，还没有作战的部队依次投入战斗，轮番作战，轮番休息，直到取得胜利为止。”

武王说：“您讲得真好！”

卷六　犬韬

《犬韬》有《分合》、《武锋》、《练士》、《教战》、《均兵》、《武车士》、《武骑士》、《战车》、《战骑》、《战步》十篇，主要讲士兵如何选拔训练、各种兵种如何配合作战以发挥军队效能等问题，各自详细论述了以下主题：集结军队、约期会战的方法；十四种打击敌人的有利战机；士兵的选拔和编组；军队训练的内容和方法；车兵、步兵和骑兵的战斗力对比、各自的特点及作用；选拔车兵的标准；选拔骑兵的标准；车兵作战的十种不利地形和八种有利情况；骑兵作战的十种有利战机和九种不利情况；步兵如何和战车、骑兵作战。

分合

【题解】

在军事行动中，时间决定着胜败，只有严格遵守时间，才能把握住最佳战机，一旦延误就可能造成不可逆转的严重后果。本篇就论述了约定时间集结军队，并施行奖惩的方法。首先要确定作战的地点和时间，集合的地点和时间，然后发文书通知诸将，监督每支部队是否按时到达，根据达到早晚或赏或罚。这样，就能让全军上下形成良好的时间观念，集中全部力量与敌人交战。

【原文】

武王问太公曰："王者帅师，三军分为数处，将欲期会合战①，约誓②赏罚，为之奈何？"

太公曰："凡用兵之法，三军之众，必有分合之变。其大将先定战地、战日，然后移檄书③与诸将吏，期攻城围邑，各会其所，明告战日，漏刻有时④。大将设营而陈，立表辕门⑤，清道而待。诸

将吏至者，校其先后，先期至者赏，后期至者斩。如此，则远近奔集，三军俱至，并力合战。”

【注释】

①期会：约期聚集。合战：交战。

②约誓：作战前夕集合军队，宣布作战目的、原因，申明军纪，告诫将士。

③檄书：檄文，古代官府用以征召、晓谕、声讨、揭发罪行等的文书。

④漏刻有时：规定军队到达的时间。漏刻，古代的一种计时器。用两铜壶，分置上下，上壶盛水，使漏入下壶。下壶设有浮标，标竿上刻有分画。上壶之水漏入下壶时，标竿渐渐升起，以此计算时间。

⑤立表：古代计时方法之一，在阳光下竖立木桩，观察它的影子以测定时间。辕门：军营的正门。古时军队驻扎，四周以车辆为垣，在营门处用两车仰置，以车上系马之辕杆两条，树立于门之两侧以为门，故称之。

【译文】

周武王问姜太公：“君王率领军队出征，三军分别驻扎在几个地方，主将要按期集结军队同敌人交战，并号令全军官兵，申明军纪，明定赏罚制度，具体应该怎么去做？”

姜太公回答："按照一般用兵的方法，由于三军人数众多，必然会有兵力分散和集中等作战部署上的变化。主将要首先确定好作战的地点和日期，然后向诸部将官下达战斗文书，明确规定要攻打和包围的城邑、各军集结的地点，明确开始作战的日期以及各部队到达的时间。然后，主将提前到达集结地点设置营垒，布列阵势，在军营门口竖立标竿以观测日影，计算时间，禁止行人通行，等待将吏们报到。各部将吏到达的时候，要核对其到达的先后顺序，看是否准时，先期到达的给予奖赏，过期到达的杀头示众。这样一来，不论远近，所有人都会按照约定日期赶至集结地点了。三军全部到达之后，就能集中力量和敌军交战了。"

武锋

【题解】

本篇先讲了用兵必须要有强有力的战车、骑兵和突击部队，然后寻找有利战机破敌，接着便列举了十四种可以发起进攻的有利战机。即敌人新集可以打，敌人马饥饿可以打，天候或地形对敌不利可以打，敌奔走可以打，敌无戒可以打，敌疲劳可以打，敌将离开可以打，敌行长途可以打，敌渡河可以打，敌忙乱可以打，敌走险隘可以打，敌散乱可以打，敌心不稳可以打。这些战机务必要及时把握住，一旦丧失了最佳作战时机，就不是那么容易取得胜利了。

【原文】

武王问太公曰：“凡用兵之要，必有武车骁骑，驰陈选锋[1]，见可则击之。如何则可击？”

太公曰：“夫欲击者，当审察敌人十四变[2]，变见则击之，敌人必败。”

武王曰：“十四变可得闻乎？”

太公曰：“敌人新[3]集可击，人马未食可击，天时不顺可击，地形未得可击，奔走可击，不戒可击，疲劳可击，将离士卒可击，涉长路可击，济水可击，不暇可击，阻难狭路可击，乱行可击，心怖

可击。”

【注释】

①驰陈：冲阵之军。选锋：古代指挑选精锐的士兵组成的突击队。

②审察：仔细地察看。变：变故，此处为对敌不利的情况。

③新：刚刚。

【译文】

周武王问姜太公：“用兵的重要原则，就是必须要有强大威武的战车，骁勇善战的骑兵，能够冲锋陷阵的精锐士卒作为突击部队，一旦发现有可乘之机就发起对敌攻击。那么，究竟在什么样的时机下可以发动攻击呢？”

姜太公回答：“要攻击敌人，应当首先仔细察明不利于敌人的十四种情况。只要出现其中的一种，就可以发起攻击，敌人定会被打败。”

周武王又问：“您可以把这十四种不利于敌人的情况讲给我听听吗？”

姜太公回答：“敌人刚刚集结，还没有站稳脚跟的时候可以发起进攻；敌人的军队人马没有进食，处于饥饿状态的时候可以发起进攻；天候季节对敌人不利的时候可以发起进攻；地形对敌人不利的时候可以发起进攻；敌人仓促奔跑赶路的时候可以发起进攻；敌人没有戒备的时候可以发起进攻；敌人疲劳倦怠的时候可以发起进攻；敌军的将领离开士兵，敌军处于无指挥状态的时候可以发起进攻；敌人长途跋涉的时候可以发起进攻；敌军渡河的时候可以发起进攻；敌军忙乱不堪的时候可以发起进攻；敌军行军通过险阻隘路的时候可以发起进攻；敌人的队伍行列散乱不整的时候可以发起进攻；敌人军心恐惧不安的时候可以发起进攻。”

练士

【题解】

士兵的选拔和编组，关系到军队建设问题，直接影响着一支军队的强弱。本篇提出的选编士兵的方法是依据每个人的不同特点，包括性格、特长、家庭背景、夙愿心理等方面来组成不同的队伍。具体来说可分编为不怕牺牲的“冒刃之士”，强横勇猛的“陷阵之士”，善剑步稳的“勇锐之士”，力量过人的“勇力之士”，越高行远的“寇兵之士”，家庭失势的“死斗之士”，为亲报仇的“敢死之士”，扬名遮丑的“励钝之士”，贫穷愤怒的“必死之士”，掩盖耻辱的“幸用之士”，才技胜人的“待命之士”。这样分组，队伍里每个人的目标明确，不但有利于管理训练，因为每支队伍的特色不同，作战的时候便可灵活调动，各尽其能。

【原文】

武王问太公曰："练士之道[1]奈何？"

太公曰："军中有大勇、敢死、乐伤者，聚为一卒[2]，名曰冒刃[3]之士；有锐气、壮勇、强暴者，聚为一卒，名曰陷阵之士；有奇表长剑、接武[4]齐列者，聚为一卒，名曰勇锐之士；有拔距伸钩[5]、强梁[6]多力、溃破金鼓，绝灭旌旗者，聚为一卒，名曰勇力之士；有逾高绝远、轻足善走者，聚为一卒，名曰寇兵[7]之士；有王臣失势，欲复见功者，聚为一卒，名曰死斗之士；有死将之人子弟，欲与其将报仇者，聚为一卒，名曰敢死之士；赘婿[8]人虏，欲掩迹扬名者，聚为一卒，名曰励钝[9]之士；有贫穷愤怒，欲快其心者，聚为一卒，名曰必死之士；有胥靡[10]免罪之人，欲逃其耻者，聚为一卒，名曰幸用之士；有材技兼人[11]，能负重致远[12]者，聚为一卒，名曰待命之士。此军之练士，不可不察也。"

【注释】

①练（jiǎn）士之道：挑选士卒的方法。练，同“拣”，选择，挑选。

②卒：古代军队的一级编制，一般百人为卒。此处可理解为“队”。

③冒刃：迎着刀锋，形容勇敢无畏、敢于冒险。

④接武：前后足迹相联结，这里为步伐稳健整齐。武，足迹。

⑤拔距：比腕力，古代的一种练武活动。伸钩：拉直铜或铁钩，形容两手强有力。

⑥强梁：有力量。

⑦寇兵：像盗贼一样出没无常的军队。

⑧赘（zhuì）婿：就婚、定居于女家的男子，以女之父母为父母，所生子女从母姓。古人认为这是一种耻辱。

⑨励钝：激励迟钝萎靡之人，让他振作起来。

⑩胥（xū）靡：古代服劳役的奴隶或刑徒。

⑪兼人：超过别人。

⑫负重致远：背着重东西走远路，比喻能够负担艰巨任务。

【译文】

周武王问姜太公："选编士兵的办法应该是什么？"

姜太公回答："把军队中勇猛过人、不怕牺牲、不怕负伤的人编为一队，称为'冒刃之士'；把锐气旺盛、年轻壮勇、强横凶暴的人编为一队，称为'陷阵之士'；把体态奇异、善用长剑，在队列中步履稳健、动作整齐的人编为一队，称为'勇锐之士'；把腕力过人、强壮有力，能冲入敌阵捣毁敌人金鼓、撕破敌人旗帜的人编为一队，称为'勇力之士'；把能翻越高山、行走远路等轻足善走的人编为一队，称为'寇兵之士'；把曾经是贵族大臣但现已失势，想重建功勋的人编为一队，称为'死斗之士'；把阵亡将士的子弟、急于要为自己父兄报仇的人编为一队，称为'敢死之士'；把曾被招赘为婿和当过敌人俘虏、要求扬名遮丑的人编为一队，称为'励钝之士'；把因自己贫穷而愤怒不满、想要立功受赏从而实现富足心愿的人编为一队，称为'必死之士'；把那些免罪的囚犯刑徒、想要掩盖自己耻辱的人编为一队，称为'幸用之士'；把才技胜人、能够承担艰巨任务的人编为一队，称为'待命之士'。以上这些就是军队中选编士兵的方法，不能不仔细考虑。"

教战

【题解】

本篇重点讲了如何训练军队，让士兵的战斗技能娴熟。训练是为了提高士兵的战斗素质，增强军队的战斗实力，这是行军打仗必须要提前去做好的事。一支没有经过训练的军队，势必散乱而没有士气，是一定会失败的。

训练的内容是：用金鼓指挥，让士兵掌握不同信号，统一行动；让士兵熟练使用兵器和战斗动作。训练的方法是：先单人训练，然后十人训练，百人训练，千人训练，万人训练，三军合练，这样循序渐进地训练，一步步进行，不可操之过急。按照这个原则训练出来的军队，其战斗力一定不可小觑。

【原文】

武王问太公曰："合三军之众，欲令士卒练士教战之道，奈何？"

太公曰："凡领三军，必有金鼓之节①，所以整齐士众者也。将必先明告吏士，申之以三令，以教操兵起居②，旌旗指麾③之变法。故教吏士，使一人学战，教成，合之十人；十人学战，教成，合之

百人；百人学战，教成，合之千人；千人学战，教成，合之万人；万人学战，教成，合之三军之众；大战之法，教成，合之百万之众。故能成其大兵④，立威于天下。”

武王曰：“善哉！”

【注释】

①节：节制，指挥。

②操兵起居：操持兵器，练习各种战斗动作。操兵指使用兵器，起居指坐、站、进、退、分、合等。

③麾：同“挥”，指挥。

④大兵：人数多、声势大的军队。

【译文】

周武王问姜太公："集合编成全军部队，想要让士兵和挑选出的勇士娴熟地掌握战斗技能，具体的训练方法应该是怎样的？"

姜太公回答："但凡是统率三军，必须要用金鼓来指挥，这是为了统一士兵们的行动，使全军整齐划一。将领必须先明确地告诉官兵们应该怎样进行操练，并且要反复申明讲解清楚，然后再训练他们操作兵器，练习各种战斗动作，以及根据各种旗帜指挥信号的变化而变更行动的方法。所以，在训练军队的时候，要先进行单兵教练，单兵教练完成后，再进行十人合练；十人学习战法，教练完成后，再进行百人合练；百人学习战法，教练完成后，再进行千人合练；千人学习战法，教练完成后，再进行万人合练；万人学习战法，教练完成后，再进行全军合练；全军教练作战的方法，教练完成后，再进行百万大军的合练。这样一来，就能组成强大的军队，在天下立威了。"

周武王说："您讲得很好！"

均兵

【题解】

本篇着重论述了车兵、步兵和骑兵之间战斗力的对比，以及各自的特点和作用。

首先指出，战车可以用来攻坚陷阵，截击强敌，切断退路；骑兵可以用来跟踪追击，断敌粮道，袭击流寇。接着按照平坦地形和险阻地形的不同，比较了三者的作战能力，点出车兵和骑兵作为军队冲击力量的重要作用。最后讲述了车兵和骑兵的军官配置以及作战方法，作战方法同样以在平坦地形上和在险阻地形上进行分别说明。

总而言之，车兵、步兵和骑兵三个兵种的特点和作用各不相同，作战中要根据不同环境和战情安排它们彼此协作，如果使用不恰当的话，便会造成一名骑兵还抵挡不住一名步兵的后果。

【原文】

武王问太公曰："以车与步卒战，一车当①几步卒？几步卒当一车？以骑与步卒战，一骑当几步卒？几步卒当一骑？以车与骑战，一车当几骑？几骑当一车？"

太公曰："车者，军之羽翼也，所以陷坚陈，要[②]强敌，遮[③]走北也。骑者，军之伺候[④]也，所以踵[⑤]败军，绝粮道，击便寇[⑥]也。故车骑不敌战[⑦]，则一骑不能当步卒一人。三军之众，成陈而相当，则易战[⑧]之法：一车当步卒八十人，八十人当一车；一骑当步卒八人，八人当一骑；一车当十骑，十骑当一车。险战[⑨]之法：一车当步卒四十人，四十人当一车；一骑当步卒四人，四人当一骑；一车当六骑，六骑当一车。夫车骑者，军之武兵也，十乘败千人，百乘败万人；十骑败百人，百骑走千人，此其大数[⑩]也。"

武王曰："车骑之吏数[⑪]与陈法奈何？"

太公曰："置[12]车之吏数：五车一长，十车一吏，五十车一率[13]，百车一将。易战之法：五车为列，相去四十步，左右十步，队间六十步。险战之法：车必循道，十车为聚[14]，二十车为屯，前后相去二十步，左右六步，队间三十六步；五车一长，纵横相去二里，各返故道。置骑之吏数：五骑一长，十骑一吏，百骑一率，二百骑一将。易战之法：五骑为列，前后相去二十步，左右四步，队间五十步。险战之法：前后相去十步，左右二步，队间二十五步。三十骑为一屯，六十骑为一辈[15]。十骑一吏，纵横相去百步，周环各复故处。"

武王曰："善哉！"

【注释】

①当：用武力抵挡。

②要：同"邀"，拦阻，截击。

③遮：阻挡，拦阻。

④伺候：即斥候，军中派出侦察敌情的人，亦指侦察。

⑤踵：跟踪追击。

⑥便寇：指散乱流窜的敌人。

⑦车骑不敌战：车骑使用的地形不适宜，车骑的编制配合不恰当。

⑧易战：在平坦的地形作战。

⑨险战：在险要的地形作战。

⑩大数：大约之数。

⑪吏数：军官的数量。

⑫置：设置。

⑬率：车兵的一级单位。

⑭聚：与下文的“屯”，都是车兵的一种战斗编组。

⑮辈：骑兵的一种战斗编组。

【译文】

周武王问姜太公：“对敌的时候，用战车同步兵作战，一辆战车能抵挡几名步兵？几名步兵能抵挡一辆战车？用骑兵同步兵作战，一名骑兵能抵挡几名步兵？几名步兵能抵挡一名骑兵？用战车同骑兵作战，一辆战车能抵挡几名骑兵？几名骑兵能抵挡一辆战车？”

姜太公回答：“战车，就像军队的羽翼一样，具有强大的战斗力，可以用来攻坚陷阵，截击强势的敌军，切断敌军的退路；骑兵，就像军队的眼睛一样，可以用来侦察警戒，跟踪追击败退的敌军，切断敌军的粮道，袭击散乱流窜的敌人。因此，如果战车和骑兵运用得不恰当，那么在战斗中，一名骑兵甚至抵挡不住一名步兵。倘若全军布列成阵，战车、骑兵和步兵配合得当，那么在平坦地形上作战的法则是：一辆战车可以抵挡八十名步兵，八十名步兵可以抵挡一辆战车；一名骑兵可以抵挡八名步兵，八名步兵可以抵挡一名骑兵；一辆战车可以抵挡十名骑兵，十名骑兵可以抵挡一辆战车。在险阻地形上作战的法则是：一辆战车可以抵挡四十名步兵，四十

名步兵可以抵挡一辆战车；一名骑兵可以抵挡四名步兵，四名步兵可以抵挡一名骑兵；一辆战车可以抵挡六名骑兵，六名骑兵可以抵挡一辆战车。战车和骑兵是军队中最具有威力的战斗力量，十辆战车可以击退一千名敌人，一百辆战车就可以击退一万名敌人；十名骑兵可以击败一百名敌人，一百名骑兵就可以击败一千名敌人，上述这些都是大概的数字。”

周武王又问：“战车和骑兵应该配置的军官数量以及具体的作战方法是怎样的？”

姜太公回答：“战车应该配置的军官数量是：每五辆战车设一长，每十辆战车设一吏，每五十辆战车设一率，每一百辆战车设一将。战车在平坦地形上的具体作战方法是：每五辆战车为一列，每

列前后相距四十步，每辆车左右间隔为十步，每队间的前后距离和左右间隔各为六十步。战车在险阻地形上的具体作战方法是：战车必须沿着道路前进，十辆战车为一聚，二十辆战车为一屯。车与车的前后距离为二十步，左右间隔为六步，每队间的前后距离和左右间隔各为三十六步。五辆战车设一长，活动范围前后左右各二里，每辆战车撤出战斗后仍按原路返回。骑兵应该配备的军官数量是：每五名骑兵设一长，

每十名骑兵设一吏，每一百名骑兵设一率，每二百名骑兵设一将。骑兵在平坦地形上的具体作战方法是：每五名骑兵为一列，每列前后相距二十步，每骑左右间隔四步，队与队之间的前后距离和左右间隔为五十步。骑兵在险阻地形上的具体作战方法是：每列前后相距十步，左右间隔二步，每队间的前后距离和左右间隔各为二十五步。三十名骑兵为一屯，六十名骑兵为一辈。每十名骑兵设一吏，活动范围前后左右各为一百步，每名骑兵撤出战斗后各自返回原来的位置。”

周武王说：“您讲得很好！”

名步兵可以抵挡一辆战车；一名骑兵可以抵挡四名步兵，四名步兵可以抵挡一名骑兵；一辆战车可以抵挡六名骑兵，六名骑兵可以抵挡一辆战车。战车和骑兵是军队中最具有威力的战斗力量，十辆战车可以击退一千名敌人，一百辆战车就可以击退一万名敌人；十名骑兵可以击败一百名敌人，一百名骑兵就可以击败一千名敌人，上述这些都是大概的数字。”

周武王又问：“战车和骑兵应该配置的军官数量以及具体的作战方法是怎样的？”

姜太公回答：“战车应该配置的军官数量是：每五辆战车设一长，每十辆战车设一吏，每五十辆战车设一率，每一百辆战车设一将。战车在平坦地形上的具体作战方法是：每五辆战车为一列，每

列前后相距四十步，每辆车左右间隔为十步，每队间的前后距离和左右间隔各为六十步。战车在险阻地形上的具体作战方法是：战车必须沿着道路前进，十辆战车为一聚，二十辆战车为一屯。车与车的前后距离为二十步，左右间隔为六步，每队间的前后距离和左右间隔各为三十六步。

五辆战车设一长，活动范围前后左右各二里，每辆战车撤出战斗后仍按原路返回。骑兵应该配备的军官数量是：每五名骑兵设一长，每十名骑兵设一吏，每一百名骑兵设一率，每二百名骑兵设一将。骑兵在平坦地形上的具体作战方法是：每五名骑兵为一列，每列前后相距二十步，每骑左右间隔四步，队与队之间的前后距离和左右间隔为五十步。骑兵在险阻地形上的具体作战方法是：每列前后相距十步，左右间隔二步，每队间的前后距离和左右间隔各为二十五步。三十名骑兵为一屯，六十名骑兵为一辈。每十名骑兵设一吏，活动范围前后左右各为一百步，每名骑兵撤出战斗后各自返回原来的位置。”

周武王说：“您讲得很好！”

武车士

【题解】

本篇讲解了如何选拔车兵。大致标准是：年龄在四十岁以下，身高七尺五寸以上，腿脚快，应战能力强，有力量，箭法熟练。选拔出来了，一定要给予这样的人才好的待遇。

【原文】

武王问太公曰："选车士①，奈何？"

太公曰："选车士之法：取年四十以下，长七尺五寸以上，走②能逐奔马，及驰而乘之，前后、左右、上下周旋，能缚束③旌旗，力能彀八石弩④，射前后左右，皆便习⑤者，名曰武车之士，不可不厚⑥也。"

【注释】

①车士：乘车战斗的兵士。

②走：古代指奔跑。

③缚束：裹扎。

④彀（gòu）：张满弓弩。八石弩：即拉力为九百六十斤的强弩。石，古代计量单位，一百二十斤为一石。

⑤便习：熟悉。

⑥厚：优待。

【译文】

周武王问姜太公："选拔车上武士的方法是什么？"

姜太公回答："选拔车上武士的标准是：选取年龄在四十岁以下、身高七尺五寸以上的人，奔跑起来能追得上驰骋的骏马，能在奔驰中跳上战车，并能在战车上对前后、左右、上下各个方向应战自如，能执掌裹扎旌旗，力量能够拉满八石巨弩，然后熟练地向左右、前后射箭的人。这种人称为武车士，对他们一定要给予优厚的待遇。"

武骑士

【题解】

本篇讲述了如何选拔骑兵。大致标准是：年龄在四十以下，身高七尺五寸以上，强壮敏捷，懂射箭，应战能力强，能骑马通过沟壑、高地、险阻、大河等地形，用以追强敌，打乱敌人。如果选拔出了这样的人，一定要给予其丰厚的待遇。

【原文】

武王问太公曰："选骑士①奈何？"

太公曰："选骑士之法：取年四十以下，长七尺五寸以上，壮健捷疾②，超绝伦等③，能驰骑彀射，前后左右，周旋进退，越沟堑，登丘陵，冒险阻，绝大泽④，驰⑤强敌，乱大众者，名曰武骑之士，不可不厚也。"

【注释】

①骑士：骑马作战的兵士。

②捷疾：敏捷，迅速。

③超绝伦等：身怀特异才能，本领远远超过一般人。

④绝：横渡，穿越。大泽：大湖沼。

⑤驰：追逐，追赶。

【译文】

周武王问姜太公："选拔骑士的标准是什么？"

姜太公回答："选拔骑士的标准是：选取年龄在四十岁以下，身高在七尺五寸以上的人；身强力壮，行动敏捷迅速，超过常人；能骑马疾驰并可以在马上拉弓射箭，同时能对前后左右各个方向应战自如，进退娴熟；能策马越过沟堑，攀登丘陵山地，冲过艰难险阻，横渡河流大水，追逐强势之敌，打乱众多敌人。这种人称为武骑士，对他们一定要给予优厚的待遇。"

战车

【题解】

本篇详细讲述了车兵如何作战。战车作战对地形地势要求较为苛刻，一般适合在地形平坦之地作战，所以车兵一定要熟悉地形。

接下来便列举了车兵作战的十种不利地形和八种有利情况。十种不利地形分别是："死地"、"竭地"、"困地"、"绝地"、"劳地"、"逆地"、"拂地"、"败地"、"坏地"、"陷地"。战车遇到这十种情况千万不要轻举妄动。八种有利情况分别是：敌行阵未定，敌旗乱兵动，敌混乱不堪，敌阵势不稳，敌犹豫害怕，敌轻举妄动，敌平地作战到日暮，敌长途行军。车兵遇到这八种情况一定要把握住时机发动进攻。将帅知晓了这"十死之地"、"八胜之地"，无论敌人多么强大也不可怕。

【原文】

武王问太公曰："战车奈何？"

太公曰："步贵知变动，车贵知地形，骑贵知别径奇道①，三军同名而异用也。凡车之死地②有十，其胜地③有八。"

武王曰："十死之地奈何？"

太公曰："往而无以还者，车之死地也；越绝险阻，乘敌远行者，车之竭地也；前易后险者，车之困地也；陷之险阻而难出者，车之绝地也；圮下渐泽[4]，黑土黏埴[5]者，车之劳地也；左险右易，上陵仰阪[6]者，车之逆地也；殷[7]草横亩，犯历[8]深泽者，车之拂[9]地也；车少地易，与步不敌者，车之败地也；后有沟渎[10]，左有深水，右有峻阪者，车之坏地也；日夜霖雨[11]，旬日不止，道路溃陷，前不能进，后不能解者，车之陷地也。此十者，车之死地也。故拙将之所以见擒，明将之所以能避也。"

武王曰："八胜之地奈何？"

太公曰："敌之前后，行陈未定，即陷[12]之；旌旗扰乱，人马数动，即陷之；士卒或前或后，或左或右，即陷之；陈不坚固，士卒前后相顾，即陷之；前往而疑，后恐而怯，即陷之；三军卒[13]惊，皆薄而起，即陷之；战于易地，暮不能解，即陷之；远行而暮舍，三军恐惧，即陷之。此八者，车之胜地也。将明于十害、八胜，敌虽围周，千乘万骑，前驱旁驰，万战必胜。"

武王曰："善哉！"

【注释】

①别径奇道：旧指军事上不被敌人发现的奇径小道。

②死地：不利的危险之地。

③胜地：指形势有利的地方。

④圮（pǐ）下：地面塌陷而形成的低洼。渐泽：低湿之地。

⑤黏埴（zhí）：黏土。

⑥仰阪（bǎn）：迎着山坡。阪，山坡。

⑦殷：茂盛。

⑧犯历：行遍。

⑨拂：违背，此处为不利。

⑩沟渎：沟洫（xù），田间水道。

⑪霖雨：连绵大雨。

⑫陷：攻破，占领。

⑬卒：突然。

【译文】

周武王问姜太公："战车的作战方法是什么？"

姜太公回答："步兵作战，关键是要熟悉周围情况的变化；车兵作战，关键是要熟悉所处地形的状况；骑兵作战，关键是要熟悉每一条小路和捷径。步兵、车兵和骑兵这三个兵种同属于作战部队，但是用法各不相同。战车作战有十种不利的危险之地，也有八种有利的情况。"

周武王问："十种不利的危险之地各是哪些？"

姜太公回答："只能前进而不能撤退的地形，这是战车的死地；逾越险阻，需要长途追逐敌人，这是战车的竭地；前面的路平坦易行，后面的路险阻难走，这是战车的困地；陷入到险境之中而难以脱身，这是战车的绝地；毁塌积水的黏泥地带，这是战车的劳地；

所处的地方左面险阻，右面平坦，还需要向上爬坡，这是战车的逆地；所处的地带盛草遍野，还需要渡过深水，这是战车的拂地；战车数量少，地形平坦，战车与步兵又配合不当，这是战车的败地；所处的地方后面有沟渠，左面有深水，右面有高坡，这是战车的坏地；昼夜大雨不断，连续十天不停止，道路毁坏，前不能行进，后不能撤退，这是战车的陷地。这十种情况都属于战车的死地。所以说，愚将遭遇失败而被擒获是因为不了解这十种死地的危害，而智将最终能取得胜利则是因为能够避开这十种死地。”

周武王又问：“那么，八种有利的情况是哪些？”

姜太公回答：“敌军的前后行阵还没有布设好的时候，就要用战车趁机击破它；敌军的旌旗凌乱，人马不断调动的时候，就要用战车趁机击破它；敌军的士兵有的向前进，有的往后退，有的往左跑，

有的往右跑，队伍十分混乱的时候，就要用战车趁机击破它；敌军的阵势不稳固，士兵们前后相互观望，军心不稳的时候，就要用战车趁机击破它；敌人前进就犹疑不定，后退则恐惧害怕的时候，就要用战车趁机击破它；敌方全军突然惊惧得乱作一团，轻举妄动的时候，就要用战车趁机击破它；敌军在平坦地形上与我军交战，战到日暮时分还没有结束战斗的时候，就要用战车趁机击破它；敌军长途跋涉行军，到天黑了才宿营，全军上下惧战的时候，就要用战车趁机击破它。这八种情况，都是对战车作战有利的情况。将领只要明白了上述所列的战车作战的十种不利情况和八种有利情况，即便敌军将我军四面包围，用千军万马向我军发起正面进攻和两侧突击，无论战斗多少次，我军也能每战必胜。”

周武王说：“您讲得很好！”

战骑

【题解】

本篇着重讲述了骑兵如何作战。骑兵的特点就是快速灵活，冲击力强，在平原和山地都可以作战，尤其在奇袭、扰敌和断路等作战过程中能发挥很大的作用。

骑兵作战有十种有利战机和九种不利情况。十种有利战机包括：

敌人初到，行阵未定；敌人虽整齐但疑虑重重；敌人行阵不稳，士兵无斗志；敌日暮回营，三军震骇；敌无险阻可守；敌在平坦地形被包围；敌人败逃，士兵散乱；敌日暮回营，部队很多等。骑兵遇到这些有利情况一定要把握好，一旦错过就可能会丧失取胜的机会。九种不利情况包括：败地、围地、死地、没地、竭地、艰地、困地、患地、陷地。骑兵遇到这些不利局面一定不要轻举妄动，否则会造成严重的后果。将帅了解这“十胜”和“九败”，就可以趋利避害，赢得胜利。

【原文】

武王问太公曰：“战骑奈何？”

太公曰：“骑有十胜、九败①。”

武王曰：“十胜奈何？”

太公曰：“敌人始至，行陈未定，前后不属，陷其前骑，击其左右，敌人必走；敌人行陈整齐坚固，士卒欲斗，吾骑翼而勿去，或驰而往，或驰而来，其疾如风，其暴如雷，白昼而昏，数更旌旗，变易衣服，其军可克；敌人行陈不固，士卒不斗，薄②其前后，猎③其左右，翼而击之，敌人必惧；敌人暮欲归舍，三军恐骇，翼其两旁，疾击其后，薄其垒口，无使得入，敌人必败；敌人无险阻保固，深入长驱，绝其粮道，敌人必饥；地平而易，四面见敌，车骑陷之，敌人必乱；敌人奔走，士卒散乱，或翼其两旁，或掩其前后，其将可擒；敌人暮返，其兵甚众，其行陈必乱，令我骑十而为

队，百而为屯，车五而为聚，十而为群，多设旌旗，杂以强弩，或击其两旁，或绝其前后，敌将可虏。此骑之十胜也。”

武王曰：“九败奈何？”

太公曰：“凡以骑陷敌，而不能破陈，敌人佯走，以车骑返击我后，此骑之败地也；追北[④]逾险，长驱不止，敌人伏我两旁，又绝我后，此骑之围地也；往而无以返，入而无以出，是谓陷于天井，顿于地穴，此骑之死地也；所从入者隘，所从出者远，彼弱可以击我强，彼寡可以击我众，此骑之没地也；大涧深谷，翳薉[⑤]林木，此骑之竭地；左右有水，前有大阜[⑥]，后有高山，三军战于两水之间，敌居表里[⑦]，此骑之艰地也；敌人绝我粮道，往而无以还，此骑之困地也；污下沮泽[⑧]，进退渐洳[⑨]，此

骑之患地也；左有深沟，右有坑阜⑩，高下如平地，进退诱敌，此骑之陷地也。此九者，骑之死地也。明将之所以远避，闇将⑪之所陷败也。”

【注释】

①十胜：十种制胜的战机。原文只有八胜，疑有脱简。九败：九种致败的情况。

②薄：迫近。

③猎：打猎，此处指袭击。

④北：败逃的军队。

⑤翳薉（huì）：亦作“翳秽”。指荆棘荒草等阻障通路之物。

⑥阜（fù）：土山。

⑦表里：内外有利的地形。

⑧污下：低洼。沮泽：水草丛生的沼泽地带。

⑨渐洳（rù）：低湿，泥泞。

⑩坑阜：指地形高低凹凸不平。

⑪闇将（àn jiāng）：昏昧的将领。

【译文】

周武王问姜太公：“骑兵的战法应该是什么？”

姜太公回答：“骑兵作战有‘十胜’和‘九败’。”

周武王问：“‘十胜’具体指哪些？”

姜太公回答："如果敌军刚到，行列阵势还没有稳定下来，部队的前面和后面不相联系，我军应该立即派骑兵击破敌军的先头骑兵部队，再夹击他们的两翼，这样敌人一定会溃败而逃；如果敌军的行列阵势整齐坚固，士兵们的斗志十分高昂，我军骑兵应缠住他们的两翼不放，时而奔驰过去，时而奔驰回来，迅疾如风，猛烈如雷，使尘土飞扬，白昼如同黄昏，不断更换旗帜，改变服装，让敌人迷惑疑虑，这样就能够打败敌人；如果敌军的行阵队列不坚固，士兵们缺乏斗志，就派骑兵进逼敌军的正面和后方，袭击他们的左右，夹击他们的两翼，敌人一定会非常震恐；如果敌人天黑回营，军心恐惧，就要派骑兵夹击他们的两翼，迅速地袭击他们的后尾队伍，逼近他们营垒的出入口，阻止他们进入营垒，这样敌军一定会因恐慌而导致失败；如果敌军没有险阻的地形可以固守，我军骑兵就应该长驱深入，切断他们的粮道，敌军一定会陷入饥饿的困境；如果敌军处于平坦的地形，四面都易遭受攻击，我军应派骑兵协同战车从四面八方围攻，敌军一定会溃乱；如果敌军败逃，士兵散乱，我军应派骑兵或从两翼夹击他们，或从前方和后方袭击他们，这样就可以擒获敌军的将领了；如果敌军天黑返回营垒，部队众多，他们的行列队形一定会混乱，这时派我军骑兵出动，十人编为一队，一百人编为一屯，战车五辆编为一聚，十辆编为一群，多多安插旗帜，配备好强弩，或扫击他们的两翼，或断绝他们的前方和后方，这样一来，就可以俘虏敌军的将领了。上述的这些情况，就是骑兵作战十种能够取胜的战机。”

周武王又问：“那么，‘九败’具体是哪些？”

姜太公回答：“但凡用骑兵攻击敌人，一旦不能攻破敌阵，敌人假装逃跑，然后用战车和骑兵攻打我军的后方，这是骑兵作战上的败地；追击败逃的敌军，穿过险阻，长驱深入而不停止，敌人埋伏在我军的左右两旁，又断绝了我军的退路，这是骑兵作战上的围地；前进后不能退回，进入后不能出来，这叫做陷入天井之内，困于地穴之中，这是骑兵作战上的死地；前进的道路狭窄，撤退的道路迂远，敌人就能够趁机以弱击强，以少击多，这是骑兵的没地；遇到大的山涧和深的谷地，树林茂密，荒草横生，人马活动困难，这是骑兵作战上的竭地；左右两边都有水，前面是大山，后面是高岭，我军在两水之间同敌军交战，敌军内守山险，外居水要，这是骑兵作战上的艰地；如果敌军切断我军的后方粮道，我军只能前进，没有退路，这是骑兵作战上的困地；低洼泥泞，沼泽遍布，进退困难，这是骑兵作战上的患地；左有深沟，右有坑坎，一高一低，看似平地，进退都会招致敌人的袭击，这是骑兵作战上的陷地。上面列举的九种情况都是骑兵作战的死地，明智的将领会竭力避开这些地方，而昏庸的将领则会因为这些地方遭受失败。”

战步

【题解】

本篇着重讲述了步兵如何和战车、骑兵作战。步兵攻守非常灵活，各种复杂地形和恶劣天气都能适应，但是速度不快，防御性不如战车。所以跟战力比较强的车兵和骑兵交战时，必须依托丘陵险阻地形，长兵器和强弩在前，短兵器和弱弩在后，轮流战斗休息。如果没有有利的地形作依托，敌人兵力又强，面临险境的时候，可将车辆集结起来，步兵列成“四武冲阵”，在敌军来路上设置障碍，挖环形壕沟，加强戒备，勇猛战斗。

【原文】

武王问太公曰：“步兵与车骑战，奈何？”

太公曰：“步兵与车骑战者，必依丘陵险阻①，长兵强弩居前，短兵弱弩居后，更②发更止。敌之车骑，虽众而至，坚陈疾战，材士强弩，以备我后。”

武王曰：“吾无丘陵，又无险阻，敌人之至，既众且武③，车骑翼我两旁，猎我前后，吾三军恐怖，乱败而走，为之奈何？”

太公曰：“令我士卒为行马、木蒺藜，置牛马队伍，为四武冲陈。望敌车骑将来，均置蒺藜，掘地匝后[4]，广深五尺，名曰‘命笼’[5]。人操行马进退，阑[6]车以为垒，推而前后，立而为屯。材士强弩，备我左右。然后令我三军，皆疾战而不解[7]。”

武王曰：“善哉！”

【注释】

①险阻：道路险恶难行，不易通过。

②更：轮流。

③武：勇猛。

④掘地匝（zā）后：指在四周开掘壕沟。匝，环绕。

⑤命笼：古代工事名，隐蔽身体的坑穴。

⑥阑：围。

⑦解：同“懈”，松弛，懈怠。

【译文】

周武王问姜太公：“步兵与战车、骑兵作战

的方法是怎样的？”

姜太公回答：“步兵与战车、骑兵作战，必须依托丘陵地带以及险要的地形进行列阵，把长兵器和强弩配置在前面，把短兵器和弱弩配置在后面，士兵们轮流战斗，轮番休整。这样一来，敌军的战车和骑兵即便大量来袭，我军也能坚守住阵地，顽强地进行战斗，并派手持强弩的勇士在后方戒备防御。”

周武王又问：“如果我军既没有丘陵地带又没有险要地势可以依托，敌军派来的兵马人数众多，同时战斗力又强大，他们的战车和骑兵夹击我军的左右两翼，突击我军的前方和后方，致使我军上下恐惧万分，在慌乱中溃败逃跑，这种情况下应该怎么办？”

姜太公回答：“命令我军的士兵制作行马和木蒺藜等障碍器材，把牛车队伍和马车队伍集中编在一起，步兵结成‘四武冲阵’。看见敌军的战车和骑兵即将到来，就在他们必经的地方广泛布设蒺藜，并在四周挖掘环形壕沟，宽和深各五尺，这叫做‘命笼’。让步兵们带着行马进退，并用车辆连接成营垒，推着它们前后移动，当停下来的时候就能自动成为营寨。派手持强弩的勇士戒备在我军左右，然后号令我全军上下猛烈进行战斗，不得有一丝懈怠。”

周武王说：“您讲得很好！”

三略

上略

【题解】

《上略》为“任贤擒敌之学”，即选贤用能，君主在贤德人才的辅佐下治理天下，可击败敌国。本篇主旨还可以用原文中的“设礼赏，别奸雄，著成败”来概括，即设置礼赏，辨别奸雄，阐述成败。

第一个关键点是收揽人心。“治国安家，得人也。亡国破家，失人也。”一国之君要收揽民心，一军之将要收揽士心。为此要掌握柔、刚、弱、强的使用方法，敬贤用贤，崇礼重禄。将领要与士兵同甘共苦，令出必行，赏罚必信，施加恩惠，这样才能树立威信；国君对士人要谦恭，对将领要信任，谋略要深思决断，这样国家才能稳固。

第二个关键点是将帅之才。将帅除了懂得如何收揽人心，还要有清廉、镇静、公正、严整等品质，要博学多才、深谋远虑、坚定勇敢、适时而动、当怒则怒。

第三个关键点是辨别奸雄。如果朝廷上下不明，官吏贪污造假，

结党营私，宗室豪门权大于天，奸邪当道，就会危害国家。所以君主应举贤除恶，让德政广为传播。

【原文】

夫主将之法，务揽英雄之心，赏禄①有功，通志于众。故与众同好靡②不成，与众同恶靡不倾。治国安家，得人也；亡国破家，失人也。含气之类③，咸④愿得其志。《军谶》⑤曰："柔能制刚，弱能制强。"柔者，德也；刚者，贼⑥也。弱者，人之所助；强者，怨之所攻。柔有所设⑦，刚有所施，弱有所用，强有所加。兼此四者而制其宜。端末未见，人莫能知。天地神明，与物推移⑧，变动无常。因敌转化，不为事先，动而辄随。故能图制无疆[⑨]，扶成天威，匡正八极[⑩]，密定九夷[⑪]。如此谋者，为帝王师。

故曰：莫不贪强，鲜能守微[⑫]；若能守微，乃保其生。圣人存之，动应事机。舒之弥四海，卷之不盈怀，居之不以室宅，守之不以城郭，藏之胸臆，而敌国服。

【注释】

①禄：这里用做动词，指奖给俸禄。

②靡：无，没有。

③含气之类：体内蕴藉气的一切生物，这里指人。

④咸：全，都。

⑤《军谶（chèn）》：古代的一部兵书，唐代时还存在，后来失传。谶，将要应验的预言、预兆。

⑥贼：伤害。此处为祸患。

⑦设：施行，实现。

⑧推移：变化、移动或发展。

⑨图制：图谋制胜。无疆：永远。

⑩八极：八方极远之地，此处为天下。

⑪九夷：古代称东方的九种民族。

⑫守：遵守。微：微妙之道，指“柔有所设，刚有所施，弱有所用，强有所加”。

【译文】

作为主将，必须要收揽笼络天下杰出人物的心，奖赏那些有功之人，让众人都通晓自己的意志。因此，只要跟众人时刻保持一条心，就没有做不成的事业；只要跟众人同仇敌忾，就没有打不败的敌人。国家长治久安，是因为获得了人心；国破家亡，是因为失去了人心。因为人都想实现自己的志向。古代的兵书《军谶》中有讲："柔能制刚，弱能制强。"柔是一种美德，刚则是一种祸害。一般来说，弱者往往能得到他人的同情和帮助，强者常常遭到他人的怨恨和攻击。但柔有柔的作用，刚也有刚的用途，弱有弱的作用，强也有强的用途，关键是要把"柔"、"刚"、"弱"、"强"这四个方面巧妙地结合起来，因事制宜地加以利用。事物的头尾和始末只要还没有显露出来，人们就无法真正认识它。天地神明都是随着事物的推移而不断变化发展的。战争也是同样的道理，所以军事上才要根据敌情的变化来采取适当的对策，而不要先制定好固定方略，一定要根据敌人的动向采取行动。这样才能图谋制胜，立于不败之地，从而辅佐君主，树立威严，拯济天下，安定四方。能像这样出谋划策的人，就能做帝王的老师。

所以说，只要是人，就没有不好强的，却很少有人能真正掌握柔能克刚、弱能胜强这个微妙的道理。一般人如果能够掌握并灵活运用它，就可以保全自己。圣人如果能掌握并灵活运用这个道理，就能够顺应事物变化的规律，推行它并让它遍布于天下，收拢起来的时候又不会充塞内心，既不需要房屋来安置它，也不需要城郭来保护它，只需要将它藏在心中，以确保随时拿出来运用，敌国就一定会屈服。

【原文】

《军谶》曰："能柔能刚，其国弥光①；能弱能强，其国弥彰②。纯柔纯弱，其国必削③；纯刚纯强，其国必亡。"

夫为国之道，恃④贤与民。信贤如腹心，使民如四肢，则策无遗⑤。所适如支体⑥相随，骨节相救⑦，天道自然⑧，其巧无间⑨。军国之要，察众心，施百务⑩。危者安之，惧者欢之，叛者还之，怨者原⑪之，诉者察之，卑者贵之，

强者抑之，敌者残之，贪者丰之，欲者使之，畏者隐之，谋者近之，谗者覆[12]之，毁者复之，反者废[13]之，横[14]者挫之，满者损[15]之，归者招之，服者居之，降者脱[16]之。

【注释】

①弥：更加。光：光明荣耀。

②彰：明显，显著。

③削：削弱，削减。

④恃：依赖，依靠。

⑤策：政策、谋略。无遗：无所遗漏，全部得以施行。

⑥适：往，到……去。支体：指整个身体，亦仅指四肢。

⑦救：应和。

⑧天道自然：自然界的运动、发生和发展是自然而然的。

⑨间：间隙，缝隙。

⑩百务：各种事务。

⑪原：申冤。

⑫覆：倾覆，翻覆。

⑬废：废除、毁掉。这里指诛杀。

⑭横：横暴，放纵。

⑮损：减少。

⑯脱：解脱，这里指赦免。

【译文】

《军谶》上说："既能用柔，又能用刚，国威就日益辉煌彰著；既能用弱，又能用强，国家就会繁荣昌盛。倘若单纯使用柔或单纯使用弱，国力就一定会削弱；倘若单纯使用刚或单纯使用强，国家就一定会灭亡。"

治理国家的原则，首要的是依靠德才兼备的人和获得人民群众的拥护。像信任自己的心腹一样信任贤德的人，像使用手足一样使用老百姓，这样的话，政策便不会有过失了。如此一来，行动的时候就像四肢与躯体一样协调，骨节相应，就如天地万物的运用是自然而然的，巧妙得没有间隙。统领军队、治理国家的要诀，在于悉心体察民心，然后正确实施各种措施。对于处境危险的人要予以保护，使他们安心；对于心存畏惧的人要给予安抚，让他们高兴；对于背叛的人要设法召还，让他们归服；对于含冤受屈的人要予以昭雪，还他们清白；对于有所申诉的人要为他们查清真相，明察秋毫；对于有才学地位却很低的人要予以提拔，让他们尊贵起来；对于恃强骄横的人要予以压制，让他们安分守己；对于与我为敌的人要予以制裁，消灭他们；对于贪心的人要设法满足他们的欲望；对于愿意效力、想做官的人要予以任用，让他们听候差遣；对于不愿意做官的，允许他们隐居起来；对于擅长用谋略的人要亲近他们，让他们为我效力；对于进谗言的人要予以揭露，不可信任；对于遭到他人毁谤的人，要反复核实，然后给他们恢复名声；对于谋反的人一

定要严惩，不再任用；对于蛮横的人一定要挫伤他们的锐气；对于骄傲自满的人，要抑制他们的傲气；对于愿意归顺的人，要进行招抚；对于被征服的人要好好安置；对于投降的人要赦免宽恕。

【原文】

获固守之，获厄塞①之，获难屯之，获城割②之，获地裂③之，获财散之。敌动伺④之，敌近备之，敌强下⑤之，敌佚去⑥之，敌陵⑦待之，敌暴绥⑧之，敌悖⑨义之，敌睦携⑩之。顺举挫之，因势破之，放言⑪过之，四网罗之。得而勿有，居而勿守，拔⑫而勿久，立而勿取，为者则己，有者则士，焉知利之所在！

彼为诸侯，己为天子，使城自保，令士自取。世能祖祖⑬，鲜能下下⑭。祖祖为亲，下下为君。下下者，务耕

桑不夺其时，薄赋敛不匮[15]其财，罕[16]徭役不使其劳，则国富而家娭[17]，然后选士以司牧[18]之。夫所谓士者，英雄也。故曰：罗[19]其英雄，则敌国穷。英雄者，国之干；庶民者，国之本。得其干，收其本，则政行而无怨。

【注释】

①厄：险要的地方。塞：阻塞。

②割：分割，此处为分封。

③裂：分裂。此处为分封给有功之臣。

④伺：观察，侦候。

⑤下：居人之下。

⑥佚：通“逸”，安逸，此处为以逸待劳。去：逃离。

⑦陵：同“凌”，侵犯，欺侮。

⑧绥（suí）：临阵退军，向后撤。

⑨悖：悖逆道义。

⑩携：离，叛离。

⑪放言：放出假情报。

⑫拔：夺取军事上的据点。

⑬祖祖：尊崇祖先。前一个“祖”是动词，意为尊崇。

⑭下下：爱护百姓。前一个“下”是动词，意为爱护。

⑮匮：让……空乏。

⑯罕：少。

⑰娭（xī）：同“嬉”，嬉戏，玩乐。

⑱牧：统治，管理。

⑲罗：搜集，招致。

【译文】

占领了坚固的地方就要严加守备，占领了地势险要的地方就要设立关塞，占领了难于攻取的地方就要驻兵屯守，夺取的城邑要分赏给有功的人，获得的土地要分封给出力的人，获得了财物就要散施给众人。敌人行动的时候要注意做好侦察；敌人接近的时候要严加戒备；敌势强盛的时候要示弱让他们产生骄傲的情绪；敌人以逸待劳的时候要注意避开他们；敌人来犯的时候就要严阵以待；敌人凶暴就要临时撤兵，设法回避；敌人做出有违天理的事要用正义去声讨他们；敌人和睦团结就要想办法让他们分化。顺应敌人的行动以挫败他们；根据战场上的形势来对他们发动攻击；放出假情报来迷惑他们，让他们失误；将他们四面包围起来，然后将之全部歼灭。获得的战利品不要据为己有；占领敌国之后，稍作停留便可，不要久据；攻打夺取城池要迅速，不要拖延时间；要拥立他人为君，不要自取其位；谋划决策出于自己，但功劳要归于将士们，这正是最大的利益所在！

封有功之人为诸侯，自己做君主，使他们各自保护自己的城邑，让他们各自征收赋税。世上的君主大都能尊重自己的祖先，却很少能爱护自己的百姓。尊敬祖先只是敬亲罢了，爱护百姓才能做好一国之君。爱护百姓的君主，重视农桑，不耽误农时；减轻赋税，不要让老百姓贫穷受苦；减少徭役，不让民力疲困。这样一来，国家富足了，百姓也快乐了，然后选派有能力的士人去管辖他们。所谓士人，就是那些杰出的英雄人物。所以才说，收罗了敌国的英雄豪杰们，敌国缺少谋划管理之人自然就会陷入困境。英雄人物是国家的骨干，老百姓则是国家的根本。获得了骨干，掌握了根本，自然就能政通人和，国泰民安。

【原文】

夫用兵之要，在崇礼而重禄。礼崇则智士至，禄重则义士轻死。故禄贤不爱[①]财，赏功不逾时[②]，则下力[③]并而敌国削。夫用人之道，尊以爵，赡以财，则士自来；接以礼，励以义，则士死之。夫将帅者，必与士卒同滋味[④]而共安危，敌乃可加[⑤]，故兵有全胜，敌有全因。

昔者良将之用兵，

有馈箪醪[6]者，使投诸[7]河，与士卒同流而饮。夫一箪之醪不能味[8]一河之水，而三军之士思为致死者，以滋味之及己也。

【注释】

①禄：这里用做动词，给……俸禄。爱：吝惜。

②逾时：超过规定的时间。

③下力：部下同心协力。

④同滋味：同甘共苦。

⑤加：进攻，侵凌。

⑥馈：赠送。箪：瓢。一说通“觯”，古代的酒器，圆肚广口，可容三升酒。醪：醇酒。

⑦诸：之于。

⑧味：使……有味道。

【译文】

打仗用兵的关键，在于有隆重的礼节和优厚的俸禄。礼节隆重了，智谋之士就会自动前来依附你；俸禄优厚了，侠义之士就会不怕牺牲地为你效力。因此，用禄优待贤人，不要吝惜财物；奖赏有功劳的人一定要及时，不要拖延时间。这样的话，部属们就能齐心协力，自然可达到削弱敌国的目的。至于用人的方法，是封赏爵位和官职来尊重他，供给财物金钱来供养他，这样，有才之人就会自愿前来投靠；用礼节去接待他，用大义去鼓励他，有义之士就会奋死效力。身为将帅，必须做到与士兵同甘苦、共安危，然后再去和敌人作战，这样一来，军队才会获得胜利，敌人才会全部被我方俘虏。

从前的时候有一位良将，有人送给他一坛美酒，他却让人把酒倒进了河里，和士兵们一起捧河水共饮。一坛酒肯定不会让河水变得美味，但全军将士会因此而心悦诚服地为他效力死战，这是因为他们的将帅能和士兵们同甘共苦。

【原文】

《军谶》曰："军井未达①，将不言渴；军幕②未办，将不言倦；军灶未炊，将不言饥。冬不服③裘，夏不操扇，雨不张盖，是谓将礼。"与之安，与之危，故其众可合而不可离，可用而不可疲，以其恩素④蓄，谋素和也。故曰："蓄恩不倦，以一取万。"

《军谶》曰："将之所以为威者，号令也；战之所以全胜者，军政也；士之所以轻战者，用命[5]也。"故将无还令[6]，赏罚必信；如天如地，乃可御[7]人；士卒用命，乃可越境[8]。夫统军持[9]势者，将也；制胜破敌者，众也。故乱将[10]不可使保军，乖众[11]不可使伐人。攻城则不拔，图邑则不废[12]，二者无功，则士力疲弊[13]。士力疲弊，则将孤众悖[14]，以[15]守则不固，以战则奔北[16]，是谓老兵[17]。兵老则将威不行，将无威则士卒轻刑，士卒轻刑则军失伍[18]，军失伍则士卒逃亡，士卒逃亡则敌乘利[19]，敌乘利则军必丧[20]。

【注释】

①达：成功。此处为打好井。

②军幕：行军宿营的帐幕。

③服：穿衣裳。

④素：平常。

⑤用命：效忠，听命。

⑥还令：收回成命，改变命令。

⑦御：统率，率领。

⑧越境：攻打别的国家。

⑨持：掌握，控制。

⑩乱将：处事违背常理的将领。

⑪乖众：军心背离的军队。乖，背离。

⑫废：破灭，覆没。

⑬疲弊：疲劳不堪。

⑭悖：叛乱。

⑮以：用来。

⑯奔北：败逃。

⑰老兵：没有战斗力的军队。

⑱失伍：军队散乱没有秩序。

⑲乘利：凭借着有利的形势。

⑳丧：灭亡，失败。

【译文】

《军谶》上说："军井还没有打好的时候，将帅不能说自己口渴；军帐还没有搭好的时候，将帅不能说自己疲倦；军灶还没有煮好饭的时候，将帅不能说自己饥饿。另外，冬天不穿皮衣，夏天不打扇子，雨天不独自张伞，这就叫做将帅的礼节。"倘若将帅能和士兵们一起同甘共苦，军队上下就能齐心一致而不离散，士兵们的力量就能充分发挥出来而不知道疲倦，这是由于将帅和士兵之间平时互爱、思想一致的缘故。所以说，将帅平时关心理解士兵，施恩不断，打仗的时候就能以少胜多。

《军谶》上说："将帅之所以能够树立威严，是因为号令严明；作战之所以获得全胜，是因为军政整治；士兵之所以不怕打仗，是因为服从命令。"所以，将帅一旦发出命令就务必要施行，奖励和惩罚一定要言而有信；像天地那样公正，才能够统领军队；只有士兵们拼死效命，这样才能出境作战。统率军队，把握作战形势的是将领；冲锋陷阵，打败敌人夺取胜利的是士兵。因此，治军无方的将领，不能让他统率军队；离心离德的军队，不能派他们去攻伐敌人。因为他们既不能攻占城池，更不能让敌国灭亡，这两件事都徒劳无功的话，必然会导致军力疲弊。军力疲弊了，将帅就会被孤立，士兵们就会违抗命令，用这样的军队来防守，防御自然不会稳固，靠这样的军队去打仗，一定会导致溃败，这就叫做衰落之军。在衰落之军中，将领没有威信；将领没有威信了，士兵就不怕刑罚；士兵不怕刑罚，军队的秩序就会混乱；军队混乱了，士兵就会逃

跑；士兵逃跑了，敌人就会趁机发起进攻；敌人趁机攻上来，军队一定会遭受失败。

【原文】

《军谶》曰："良将之统军也，恕己而治人①。推惠施恩，士力日新。战如风发，攻如河决。"故其众可望而不可当②，可下③而不可胜。以身先人，故其兵为天下雄。

《军谶》曰："军以赏为表，以罚为里。"赏罚明，则将威行；官人④得，则士卒服；所任贤，则敌国震。

《军谶》曰："贤者所适⑤，其前无敌。"故士可下⑥而不可骄，将可乐而不可忧，谋可深而不可疑⑦。士骄则下不顺，将忧则内外不相信，谋疑则敌国奋。以此攻伐，则致乱。夫将者，国之命也。将能制胜，则国家安定。

《军谶》曰："将能清⑧，能静，能平，能整；能受谏，能听讼，能纳人，能采言，能知国俗，能图⑨山川，能表险难，能制军权。"故曰：仁贤之智，圣明之虑，负薪⑩之言，廊庙⑪之语，兴衰之事，将所宜⑫闻。

【注释】

①恕己而治人：用和宽恕自己一样的心来治理军队。

②当：通"挡"，抵挡。

③下：投降。

④官人：做官的人，官吏。

⑤适：往，到……去。

⑥下：居人之下，谦让。

⑦疑：迟疑，犹豫。

⑧清：公正，廉洁。

⑨图：画图，此处为熟悉的意思。

⑩负薪：指地位低微的人。

⑪廊庙：朝廷。

⑫宜：应该，应当。

【译文】

《军谶》上说："一个好的将领统率军队，要能够用爱己之心去关怀和管理士兵，广泛地对他们施加恩惠，这样的话，军队的战斗力就会一天天强大，打起仗来就像暴风骤雨那样迅疾猛烈，进攻的时候就像江河决堤那样汹涌澎湃。"所以，敌人见了这样的军队就只能望风逃窜而不敢抵抗，只能束手就擒而无法获得胜利。将领能做到身先士卒，他统领的军队就能在天下称雄。

《军谶》上说："军队要以奖赏作为表象，以惩罚作为本质，不能偏废。"赏罚一旦严明了，将帅的威信就能树立起来；选拔的官吏得当，士兵就能心服口服；任用的人德才兼备，敌国就会畏惧。

《军谶》上说："贤德之人所归附的国家，将会所向无敌。"因此，对待有才能的士人，一定要谦恭而不可以傲慢；对待将领，要让他内心畅快而不能让他心存忧虑；制定谋略的时候，要深思熟虑，不能犹豫不决。如果对士人傲慢，下级就不会心悦诚服；如果让将领存有忧虑，君主和将领之间就会互不信任；制定谋略的时候一旦犹豫，敌国就会趁机发起进攻。在这种状态下去打仗，必然招致祸乱。将领是国家的命脉，将领能率军战胜敌人，国家才能安定太平。

《军谶》上说："将领要能清正廉洁，能镇静不惊，能公平公正，能严整严格，能接纳意见，能明辨是非，能容纳人才，能博采众议，能了解各国的风土人情，能通晓山川地理，能知晓国家的地形险阻，能掌握军队统率大权。"因此，仁士贤者的智谋，圣明君主的远虑，底层百姓的言论，朝堂之上的议论，存亡兴衰的历史，都是身为将领应当知道的。

【原文】

将者，能思士如渴，则策从焉。夫将拒谏，则英雄散；策不从，则谋士叛；善恶同[①]，则功臣倦[②]；

专己[3]，则下归咎[4]；自伐[5]，则下少功；信谗，则众离心；贪财，则奸不禁；内顾[6]，则士卒淫。将有一，则众不服；有二，则军无式[7]；有三，则下奔北；有四，则祸及国。

《军谶》曰："将谋欲密，士众欲一[8]，攻敌欲疾。"将谋密，则奸心闭；士众一，则军心结；攻敌疾，则备不及设。军有此三者，则计不夺[9]。将谋泄，则军无势；外窥内，则祸不制；财入营，则众奸会[10]。将有此三者，军必败。将无虑，则谋士去；将无勇，则吏士恐；将妄动，则军不重[11]；将迁怒，则一军惧。《军谶》曰："虑也，勇也，将之所重；动也，怒也，将之所用。"此四者，将之明诫也。

【注释】

①同：同样对待。

②倦：倦怠，消极。

③专己：独断专行。

④归咎：归罪。

⑤自伐：自夸。

⑥内顾：思念妻妾，这里指迷恋女色。

⑦式：法度，规矩。

⑧一：统一，团结。

⑨夺：失误，过失。

⑩会：会集，聚合。

⑪重：稳定。

【译文】

身为将领，如果能够求贤若渴，就会听从贤士的计策。如果将领听不进去规劝，贤士就会离去；如果将领不听从计策谋略，谋士就会背叛他；如果将领善恶不分，有功的人就会心灰意冷；如果将领独断专行，下面的人就会将责任推卸给上级；如果将帅喜欢自我夸耀，部属就不会积极地立功；如果将帅喜欢听信谗言，众人就会离心离德；如果将帅贪图财物，就无法禁止奸邪之事；如果将帅贪恋女色，士兵就会跟着淫乱违纪。以上的八条，将帅身上只要犯有一条，士兵们就不会信服他的权威；如果犯有两条，军队就会目无法纪、一片混乱；如果犯有三条，全军就会溃败而逃；犯有四条，整个国家都会面临灾祸。

《军谶》上说："将领的谋略一定要非常保密，士兵的思想一定要团结统一，进攻敌人一定要猛烈迅速。"将领的谋略保密，敌人派来的奸细就无法得逞；士兵的思想团结统一，军心就能团结一致；进攻敌人的行动迅速，敌人就会来不及防备。军队能遵守这三条原则，作战计划就不会被破坏。相反的，如果将领的谋略泄露了，军队就会丧失有利的形势；如果敌人侦察到了我军的内部情况，祸患就遏制不住了；来路不正的财货入了军营，奸邪之徒就会勾结起来。将领要是犯了这三点，军队一定会遭受失败。将领如果做不到深谋远虑，有智谋的人就会失望离去；将领如果不勇敢威武，全军上下

就会恐惧不安；将领如果轻举妄动，军心就不稳定；将领如果随便迁怒于人，全军都会跟着畏惧。《军谶》上说："深谋远虑，勇敢威武，是身为将领最为宝贵的品德。适时而动，当怒则怒，是将领用兵的艺术。"因此，虑、勇、动、怒这四项，将领应当时刻牢记，谨慎遵从。

【原文】

《军谶》曰："军无财，士不来。军无赏，士不往。"《军谶》曰："香饵之下，必有悬鱼；重赏之下，必有死夫①。"故礼者，士之所归；赏者，士之所死。招其所归，示其所死，则所求者至。故礼而后悔者，士不止；赏而后悔者，士不使。礼赏不倦，则士争死。

《军谶》曰："兴师之国，

务[②]先隆恩；攻取[③]之国，务先养民。”以寡胜众者，恩也；以弱胜强者，民也。故良将之养士，不易[④]于身，故能使三军如一心，则其胜可全[⑤]。

【注释】

①死夫：愿意付出生命的人。

②务：必须，一定。

③攻取：发动战争攻取别的国家。

④不易：和……一样。

⑤全：成全，这里是实现的意思。

【译文】

《军谶》上说：“军中没有资财，士众就不会前来归附；军中没有奖赏，士兵就不会勇往直前。”《军谶》上还说：“在美味鱼饵的诱惑下，必定会有鱼儿上钩；在重赏的诱惑下，一定会有不怕死的人来效命。”所以，让士兵衷心归附的是礼，让士兵乐于效命的是赏。用能让他归附的东西去招引他，用能让他效命的东西去明示他，那么所需要的人自然就会前来聚集。因此，先以礼相待但后来又改变了的，士兵就会离去；赐予奖赏后来又反悔了的，士兵就不愿意受驱使。只要礼、赏始终如一，士兵便会争着效命。

《军谶》上说：“要兴兵打仗的国家，一定要先多多施恩惠于士兵；要采取攻势的国家，一定要先让老百姓休养生息。”能实现以少

胜多，是对士兵广施恩惠的缘故；能实现以弱胜强，是由于有老百姓支持的缘故。所以，好的将领爱护士兵，要像爱护自己一样，这样才能使全军万众一心，战无不胜。

【原文】

《军谶》曰："用兵之要，必先察敌情。视其仓库，度①其粮食，卜②其强弱，察其天地，伺③其空隙。敌国无军旅之难而运粮者，虚④也；民菜色⑤者，穷也。千里馈粮⑥，民有饥色；樵苏后爨⑦，师不宿饱⑧。夫运粮千里，无一年之食；二千里，无二年之食；千百里，无三年之食：是谓国虚。国虚则民贫，民贫则上下不亲。敌攻其外，民盗其内，是谓必溃。"

《军谶》曰："上行虐则下急刻⑨。赋敛重数⑩，刑罚无极，民相残贼⑪，是谓亡国。"《军谶》曰："内贪外廉，诈誉取名；窃公为恩，令上下昏；饰⑫躬正颜，以获高官：是谓盗端⑬。"《军谶》曰："群吏朋党，各进⑭所亲；招举奸枉⑮，抑挫⑯仁贤；背公立私，同位相讪⑰：是谓乱源。"

【注释】

①度：估计，推测。

②卜：推断，预料。

③伺：观察，侦候。

④虚：国库空虚。

⑤菜色：饥民营养不良的脸色。

⑥馈粮：运送粮食。

⑦樵苏：砍柴刈草。爨：烧火做饭。

⑧宿饱：经常饱。

⑨急刻：严酷苛刻。

⑩重数：既重且繁。

⑪残贼：残害。

⑫饰：掩饰，粉饰。

⑬端：开始，开端。

⑭进：推荐。

⑮招举：招致举用。奸枉：奸邪不正的人。

⑯抑挫：抑制折挫。

⑰同位：指职位相同者。讪：讥刺，诽谤。

【译文】

《军谶》上说："打仗用兵的要领，在于必须首先探察敌方的情况。也就是了解清楚他们库存的物资，估计出他们一共有多少粮草，分析判断他们兵力的强弱，察明天气和地形的条件，以寻求进攻敌人的有利时机。所以，如果敌国没有战事却忙于运粮，说明这个国家缺粮；敌国的老百姓面黄肌瘦，说明这个国家贫穷困难。指望从千里之外运送粮食，老百姓就会挨饿；临时打柴割草做饭，军队一定难以填饱肚子。如果要从千里之外运粮，说明国家缺一年的粮食；

从两千里之外运粮，说明国家缺两年的粮食；从三千里之外运粮，说明国家缺三年的粮食。这就叫做国家空虚。国家一旦空虚了，老百姓一定会贫困；老百姓贫困，君民上下就不会和睦。在这种情况下，倘若敌人从外面发起进攻，老百姓在内部叛乱抢掠，国家就一定会崩溃灭亡。”

《军谶》上说：“君主行事暴虐，臣子官吏就会跟着极端苛刻；国家赋税繁重，滥用刑罚，老百姓就会起来造反。这样的话，国家就会灭亡。”《军谶》上还说：“如果臣子暗中贪污，表面却伪装廉洁，制造假象骗取名誉；盗用公家财物来换取私人的恩惠，让朝廷上下昏聩，不识其真正面目；假装正派，骗取高官厚禄。这些便是窃国作乱的开始。”《军谶》又说：“大小官吏结党营私，各自引进任用亲信；选取重用的都是恶徒奸人，压制排挤的都是贤能之士；背弃公道，谋取私恩，同僚之间相互诋毁。这便是国家祸乱的根源。”

【原文】

《军谶》曰：“强宗①聚奸，无位而尊，威无不震；葛藟②相连，种德立恩，夺在位权；侵侮③下民，国内哗喧，臣蔽不言；是谓乱根④。”

《军谶》曰：“世世作奸，侵盗县官⑤；进退求便⑥，委曲弄文，以危其君，是谓国奸。”《军谶》曰：“吏多民寡，尊卑相若⑦，强弱相虏，莫适禁御⑧，延及君子，国受其咎⑨。”《军谶》曰：“善善不进⑩，恶恶不退⑪，贤者隐蔽，不肖在位，国受其害。”

【注释】

①强宗：豪门大族。

②葛藟（lěi）：野葡萄，蔓生植物，果实味酸，不能生食，根、茎和果实供药用。

③侵侮：侵害欺侮。

④乱根：祸乱的根源。

⑤侵盗：侵犯劫夺。县官：古时天子之别称。

⑥便：好处，便利。

⑦相若：同样，相似。

⑧禁御：禁止，制止。

⑨咎：灾祸。

⑩善善：喜爱善良的人。进：推荐。

⑪恶恶：厌恶恶劣的人。退：贬退，罢免。

【译文】

《军谶》上说："豪门大族聚结成为奸党，虽然没有官位，地位却很显赫，威风十足让众人十分害怕；党羽勾结如同葛藤一样相连缠绕，私下施恩，给人好处，意在谋夺朝政大权；欺压老百姓，国内舆论哗然，群臣却蒙蔽君主，不敢直言。这就是灾祸的根源。"

《军谶》上说："世世代代作恶，侵害君主的权威；一举一动只求谋取好处，舞文弄墨，歪曲法令，以危害君主，

这就是国贼。”《军谶》上说：“官多民少，尊卑不分，以强欺弱，没有人去禁止。这种情况下一定会波及好人，国家也会跟着受害。”《军谶》上还说：“喜爱的好人不能好好重用，厌恶的坏人也不能够将他们清退，有才的贤德之人隐居不出，无才无德的人却当政掌权，这种情况，国家就会受到危害。”

【原文】

《军谶》曰：“枝叶①强大，比周居势②，卑贱陵③贵，久而益大，上不忍废，国受其败。”《军谶》曰：“佞臣④在上，一军皆讼⑤，引威自与，动违于众。无进无退，苟然取容⑥。专任自己，举措伐功⑦。诽谤盛德，诬述庸庸⑧。无善无恶，皆与己同。稽留行事⑨，命令不通。造作奇政，变古易常⑩。君用佞人，必受祸殃。”

《军谶》曰：“奸雄相称⑪，障蔽主明⑫；毁誉并兴，壅塞主聪⑬。各阿⑭所私，令主失忠。”故主察异言，乃睹其萌⑮；主聘儒贤，奸雄乃遁⑯；主任旧齿⑰，万事乃理；主聘岩穴⑱，士乃得实⑲，谋及负薪，功乃可述；不失人心，德乃洋溢⑳。

【注释】

①枝叶：同宗的旁支。

②比周：结党营私。居势：处于有权势的地位。

③卑：轻视，小看。陵：古同“凌”，侵犯，欺侮。

④佞（nìng）臣：奸邪谄媚的臣子。

⑤讼：诉讼，责备。这里是愤愤不平的意思。

⑥苟然取容：苟且迎合，取悦于人。

⑦伐功：夸耀功劳。

⑧庸庸：昏庸，平庸。

⑨稽留：扣留延缓。行事：政事，公家文书。

⑩变古易常：改变传统的法制和准则。

⑪相称：互相吹捧、表扬。

⑫明：视觉。

⑬壅（yōng）塞：阻塞。聪：听觉。

⑭阿：偏袒。

⑮其萌：祸乱的萌芽。

⑯遁：逃跑，逃走。

⑰旧齿：老臣，旧臣。

⑱岩穴：岩穴之士，隐士。

⑲实：充实。

⑳洋溢：广泛传播。

【译文】

《军谶》上说：“朝廷的宗室权力强大，结党营私，窃居高位，以下犯上，时间越久，他们的势力就越大，连君主都不忍心除掉他们，这样国家就会遭受败亡。”《军谶》上说：“奸佞之人当权，全军都会愤愤不平。那些人倚仗权势逞威风，自夸自吹，行动违背众人的意志。他们在进退问题上毫无原则可言，行事都只为取悦上级。

为人专横，只信任自己，一举一动都在夸耀自己的功劳。他们诽谤品德高尚的人，将有才之士诬蔑为庸碌之辈。好坏善恶不分，只求符合自己的心意。积压拖延政事，让上令无法向下面传达。标新立异，改变传统的法制和准则。君主一旦重用了这种奸佞的小人，国家一定会遭受祸殃。”

《军谶》上说：“奸邪之徒互相吹捧标榜，蒙蔽君主的眼睛，让君主好坏不分。诽谤的声音和吹捧的声音一起盛行，堵塞了君主的耳朵，让他邪正不辨。各自庇护偏袒自己的亲信，让君主失去真正的忠臣。”因此，君主明察意见不同的言论，就能看到祸乱的萌芽；君主任用高德贤才之人，奸佞之徒就会远离；君主任用德高望重的老臣，繁杂的事务就能治理清明；君主招请到隐姓埋名的贤士，朝廷上的人才就会充实；处理国家大事的时候，如果再能够普遍汲取老百姓的智慧，就能广得人心，建立不朽的功业；只有不失去众人的拥护，君主的德政才能广泛传播，为人称颂。

中略

【题解】

《中略》为“御将统众之学”，即君主如何运用权术统御将帅官吏，如何用人。本篇主旨还可以用原文中的“差德行，审权变”来概括，即区别德行、明察权变。

开头介绍了四种治理国家、统率部下的方法。第一种是“三皇之法”，无政令无言辞，好风气自然形成；第二种是“五帝之法”，顺应自然，教化流传，君臣和谐；第三种是“王者之法”，以德治人，制定法规，君权巩固；第四种是“霸者之法”，统臣靠权，结贤靠信，用人靠奖。《三略》是为乱世君主而作，因此这里重点讲的是“霸者之法”。

首先，对于军队来说，将帅一定要有独立主导军队之权，还要会根据人的特点来用人。其次，对于朝廷来说，君臣都需要有各自的德行和威严。乱世之时，君主用人就要懂得运用计策权谋；太平之时，君主要懂得收权削权。这就是霸者的权术。

【原文】

夫三皇[①]无言而化流四海，故天下无所归功。帝[②]者，体天则[③]地，有言[④]有令，而天下太平。群臣让[⑤]功，四海化行，百姓不知其所以然。故使臣不待礼赏有功，美而无害。王[⑥]者，制人以道，降心服志；设矩备衰，四海会同[⑦]，王职[⑧]不废。虽有甲兵之备，而无斗战之患。君无疑于臣，臣无疑于主；国定主安，臣以义退，亦能美而无害。霸[⑨]者，制士以权，结士以信，使士以赏。信衰则士疏，赏亏则士不用命[⑩]。

《军势》曰："出军行师，将在自专[⑪]；进退内御[⑫]，则功难成。"《军势》曰："使智、使勇、使贪、使愚。智者乐立其功，勇者好行其志，贪者邀[⑬]趋其利，愚者不顾其死，因其至情而用之，此军之微权[⑭]也。"《军势》曰："无使辩士谈说敌美，为其惑众。无使仁者主财，为其多施而附于下。"《军势》曰："禁巫祝[⑮]，不得为吏士卜问军之吉凶。"

【注释】

①三皇：是华夏族的祖先，不同著作对其有不同说法。分别是：天

皇、地皇、泰皇（出自《史记·秦始皇本纪》）；天皇、地皇、人皇（出自《史记·补三皇本纪》）；燧人、伏羲、神农（出自《尚书大传》）；伏羲、女娲、神农（出自《风俗通义·皇霸篇》）；伏羲、神农、祝融（出自《白虎通》）；伏羲、神农、共工（出自《资治通鉴外纪》）；伏羲、神农、黄帝（出自《三字经》）。

②帝：五帝。上古时代中国传说中的五位部落首领，根据不同史料记载，有以下五种说法：黄帝、颛顼、帝喾、尧、舜（《大戴礼记》、《史记》）；庖牺、神农、黄帝、尧、舜（《战国策》）；太昊、炎帝、黄帝、少昊、颛顼（《吕氏春秋》）；黄帝、少昊、颛顼、帝喾、尧（《资治通鉴外纪》）；少昊、颛顼、帝喾、尧、舜（伪《尚书序》）。

③则：仿效，效法。

④言：教化的言语。

⑤让：谦让。

⑥王：夏、商、周三朝的开创者——大禹、商汤王、周武王及周文王的合称。

⑦会同：古代诸侯朝见天子。

⑧王职：交给天子的贡赋，或指天子的职官。

⑨霸：春秋五霸。关于“春秋五霸”史上至少出现过8种说法，但通常用的都是《史记》或《荀子》的版本。《史记》的说法是齐桓公、宋襄公、晋文公、秦穆公、楚庄王；而《荀子·王霸》则是齐

桓公、晋文公、楚庄王、吴王阖闾和越王勾践。

⑩用命：效忠，听命。

⑪自专：亲身独任其事。

⑫内御：请示上级，由朝廷控制。

⑬邀：谋求。

⑭微权：权谋，机变。

⑮巫祝：古代称事鬼神者为巫，祭主赞词者为祝，后连用以指掌占卜祭祀的人。

【译文】

在远古的三皇时代，尽管他们没有任何治理国家的言辞和政令，但是他们的教化却自然而然地流传散布于四海，所以天下人都不知道这应该是谁的功劳。到了五帝的时代，他们效法顺应天地间的自然规律，增设言语教化，制定各种政令，使得天下太平安乐。君臣之间相互谦让，不争抢功劳，所以教化在四海内流传，百姓也不知道其中的原因。因此，任用臣子不必依靠礼遇赏赐，君臣之间也能相处得和谐而没有矛盾。到了三王时代，注重以道德治理百姓，使百姓心悦诚服；制定各种法规来防止世道衰乱，天下诸侯按时朝见，向朝廷缴纳贡赋，朝廷职权和君王的法度就不会衰落。这样一来，虽然国家有军备，却没有战祸的隐患。君王不怀疑臣子，臣子不怀疑君王。国家安定，君权巩固，臣子到了合适的时候就功成身退，君臣之间也能相处得和谐而没有矛盾。春秋五霸时期，靠权术来统

御臣子，靠信义来结交贤士，靠奖赏来任用人才。如果失去了信义，贤能之士就会疏远；如果奖赏不够，臣子便不会听从命令。

古代的兵书《军势》中说：“出兵打仗，重要的是将帅拥有自行决断军务的指挥之权。如果军队的进退都要受到君主和朝廷的控制，那就很难取得成功。”

《军势》中说：“任用智谋之士、勇敢之士、贪婪之人和愚笨之人的方法各不相同。智谋之士喜欢建功立业，勇敢之士喜欢实现自己的志向，贪婪之人喜欢追逐功名利禄，愚笨之人不顾惜自己的生命，务必要根据他们各自的特点来加以利用。这是军队用人的高妙之术。”《军势》中说：“不要让能言善辩的人去谈论敌人的长处，因为这样会混淆视听，惑乱军心；也不要让仁厚的人去掌管钱财，因为他们会滥施财物去迎合下级。”《军势》中说：“军队中要禁止巫祝之事，不允许官兵们卜问军事上的吉凶。”

【原文】

《军势》曰：“使义士不以财。”故义者，不为不仁者死；智者，不为暗主[①]谋。主不可以无德，无德则臣叛；不可以无威，无威则失权。臣不可以无德，无德则无以事[②]君；不可以无威，无威则国弱，威多则身蹶[③]。

故圣王御世[④]，观盛衰，度得失，而为之制。故诸侯二师，方伯[⑤]三师，天子六师。世乱，则叛逆生；王泽竭，则盟誓相诛伐。德同势敌，无以相倾[⑥]，乃揽英雄之心，与众同好恶，然后加之以权变。故非计策无以决嫌定疑，非谲奇[⑦]无以破奸息寇，非阴谋无以成功。

圣人体天[⑧]，贤者法地，智者师古[⑨]。是故《三略》为衰世作。《上略》设礼赏，别奸雄，著[⑩]成败；《中略》差[⑪]德行，审权变[⑫]；《下略》陈道德，察安危，明贼贤[⑬]之咎。故人主深晓《上略》，则能任贤擒敌；深晓《中略》，则能御将统众；深晓《下略》，则能明盛衰之源，审治国之纪[⑭]。人臣深晓《中略》，则能全功保身。

【注释】

①暗主：昏庸的君主。

②事：服侍。

③蹶：跌倒，此处为倾覆。

④御世：治理天下。

⑤方伯：殷周时代一方诸侯之长。

⑥倾：倾覆，打败。

⑦谲奇：诡变出奇的计谋。

⑧体天：依据天命。

⑨师古：效法古代。

⑩著：显示。

⑪差：划分等级，区别。

⑫审：考察。权变：灵活应付随时变化的情况。

⑬贼贤：迫害贤人。

⑭纪：纲纪，根本。

【译文】

《军势》中说：“任用侠义之士不能依靠钱财。”因为侠义之士是不会为不仁的人去效死卖命的，明智之士是不会为昏庸的君主献计献策的。君主不可以没有德行，没有德行，臣子就会背叛；君主也不可以没有威严，没有威严，就会丧失权力。臣子不可以没有德行，没有德行，就不能辅佐君主，尽忠守职；臣子也不可以没有威严，没有威严，国家就会衰弱，但如果臣子的威严太盛，自己就会身败名裂。

因此，圣明的君王统治天下，要观察盛衰的变化，考虑得失的原因，从而建立起制度和规范。所以便有诸侯辖二军，方伯辖三军，天子辖六军的规定。后来天下混乱，叛逆逐渐发生，天子的恩泽枯尽了，诸侯之间就会出现结盟立誓和互相攻伐的情况。诸侯之间由于政治军事上势均力敌，谁也没有办法消灭谁，于是千方百计收揽英雄豪杰之心，与他们同喜好同憎恶，然后再运用权术。因此，不运用计策就没有办法去裁决疑惑难明的事情，不采取诡诈出奇的手段就不能消灭奸人贼寇，不施用阴谋诡计就没有办法获得成功。

圣明的人能够体察宇宙的法则，贤能的人能够顺应大地的规律，智慧的人能够以史为鉴吸取前人的经验教训。所以，《三略》一书是为乱世而作的。通览全篇，《上略》是说设置礼赏，辨别奸雄，阐述成功与失败的道理；《中略》是讲区别德行、明察权变等方面的要领；《下略》主要是阐述道德，分析安危，说明嫉贤妒能、迫害人才的灾祸。所以，君主如果深通《上略》里面的道理，就能任用贤能之人，战胜敌人；深通《中略》里面的道理，就能驾驭将领，统率军队；深通

《下略》里面的道理，就能明白天下兴衰的根源，熟悉治国的纲纪。臣子只要明白通晓《中略》之道，就足以成就功业、保全身家了。

【原文】

夫高鸟[①]死，良弓藏；敌国灭，谋臣亡。亡者，非丧其身也，谓夺其威废其权也。封之于朝，极人臣[②]之位，以显其功。中州善国[③]，以富其家；美色珍玩，以说[④]其心。夫人众一合而不可卒[⑤]离，威权一与[⑥]而不可卒移。还师罢军，存亡之阶[⑦]。故弱之以位[⑧]，夺之以国[⑨]，是谓霸者之略。故霸者之作[⑩]，其论驳[⑪]也。存社稷罗英雄者，《中略》之势也。故世主秘[⑫]焉。

【注释】

①高鸟：高飞的鸟。

②极人臣：大臣中地位最高的。极，极点，极致。

③中州善国：中原最好的土地。

④说：通“悦”，取悦，使……高兴。

⑤一合：统一。卒：通“猝”，突然。

⑥与：给。

⑦阶：阶梯，此处为关键、根本。

⑧位：高位。

⑨国：国土，此处为分封土地。

⑩作：作为，行为。

⑪论：道理。理论。骏：通“驳”，驳杂，庞杂。

⑫秘：这里用做动词，当作秘密的意思。

【译文】

高飞的鸟儿死了，好弓就该被藏起来了；敌国灭亡了，谋臣就要被消灭了。所谓消灭，指的并不是消灭他们的肉体，而是指削弱他们的威势，剥夺他们的权力。在朝廷上封赏他们，赐予他们高官厚禄，以表彰他们的功劳；再赐予他们中原的良田沃地，让他们的家庭富裕；再赏给他们美女和珍宝，让他们感到心情愉快。士卒一旦编成了军队就不能仓促解散，兵权一经授予就不能马上收回。战争结束，将帅班师回朝的时候，对君主来说，正是生死存亡的关键时刻。所以，要通过赐封爵位的办法来削弱将帅的实力，要通过赐予土地的办法来剥夺将帅的军权，这是国君霸者统御将帅的策略。因此，国君霸者的行为，里面的道理是很复杂的。既要保全国家又要网罗英雄，这就是《中略》所论的权变诀窍，历代的君主们对此都是秘而不宣的。

下略

【题解】

《下略》为“以防不测之略”，即乱世时如何治理国家。本篇主旨还可以用原文中的“陈道德，察安危，明贼贤之咎”来概括，即阐述道德，分析安危，说明嫉贤妒能、迫害人才的灾祸。

第一个关键点是仁德。以恩德施天下，天下之人就会归顺。道、德、仁、义、礼这五点是一个整体，遵循这些，国家就能安定。君主要先搞好内政再图扩张，休养生息，以身作则，发动正义战争，顺应天道。

第二个关键点是用贤。贤人和圣人对于治国有重要作用，求贤要根据人才的不同特点去招揽，一旦求得了就要尊重贤人，懂得分辨好坏是非，远离奸臣，手握生杀大权，不让豪强乱臣篡权。

第三个关键点是治民。让民众快乐安宁，不违背民意，不让民众疑虑惶惑，保证政治清明，使民众心悦诚服，生活富足，国家就能稳定。

【原文】

夫能扶[①]天下之危者，则据[②]天下之安；能除天下之忧者，则享天下之乐；能救天下之祸者，则获天下之福。故泽及于民，则贤人归[③]之；泽及昆虫，则圣人归之。贤人所归，则其国强；圣人所归，则六合同[④]。求贤以德，致[⑤]圣以道。贤去，则国微[⑥]；圣去，则国乖[⑦]。微者，危之阶[⑧]；乖者，亡之徵[⑨]。贤人之政，降人以体[⑩]；圣人之政，降人以心。体降可以图始[⑪]，心降可以保终[⑫]。降体以礼，降心以乐。

所谓乐者，非金石丝竹[⑬]也，谓人乐其家，谓人乐其族，谓人乐其业，谓人乐其都邑，谓人乐其政令，谓人乐其道德。如此君[⑭]人者，乃作乐以节[⑮]之，使不失其和。故有德之君，以乐乐[⑯]人；无德之君，以乐乐身。乐人者，久而长；乐身者，不久而亡。

【注释】

①扶：拯救。

②据：占有。

③归：趋向，归向。

④六合：天下，人世间。同：齐一，统一。

⑤致：招引，招致。

⑥微：衰落。

⑦乖：背乱，不和谐。

⑧阶：阶梯，此处为根由、原因。

⑨徵（zhēng）：征兆。

⑩降人：使人降服、投降。体：身体，此处为行动。

⑪图：图谋。始：开创。

⑫保终：保全至终，安然无患。

⑬金石：钟磬一类的打击乐器。丝竹：弦乐器和管乐器。

⑭君：主宰，统治。

⑮节：节制，规范。

⑯乐乐：第二个“乐”是使动用法，使……快乐。

【译文】

能够挽救天下于危亡之中的人，就能够得到天下的安宁；能够消除天下忧患的人，就能享受天下的快乐；能够拯救天下灾祸的人，就能得到天下的幸福。所以，能将恩泽广施于百姓之中，贤能之士就会归顺于他；能将恩泽广施于天地万物，圣明之人就会归顺于他。贤能之士一旦前来归附，这个国家就会繁荣强盛；圣明之人一旦前来归附，天下就会统一。招求贤能之士要凭借“德”，聘请圣明之人要依靠“道”。贤人离去，国家就会衰弱；圣人离去，国家就会混乱。衰弱是危险的根由，混乱是走向灭亡的征兆。贤能之士执政，能让人在行动上顺从；圣明之人执政，能让人内心顺从。让人行动上顺从，就可以图谋创业；让人内心顺从，就可以善始善终。让人行动顺从靠的是礼教，让人内心服从靠的是乐教。

所谓乐教，不只是指金、石、丝、竹等乐器，而是让人们热爱自己的家庭、热爱自己的宗族、热爱自己的职业、热爱自己的国家，拥护政令法律，讲究伦理道德。这样治理百姓，然后再通过推行乐教来加以调节，规范人们的行为，让社会不失和谐。所以，有仁德的君主，会用音乐来使民众欢乐；没有仁德的君主，只知道用音乐使自己快乐。让天下民众都感到快乐，国家才能保持长治久安；只图自己享受快乐，国家很快便会灭亡。

【原文】

释①近谋远者，劳而无功；释远谋近者，佚而有终②。佚政③多忠臣，劳政多怨民。故曰：务④广地者荒，务广德者强；能有⑤其有者安，贪人之有者残。残灭⑥之政，累世受患。造作过制⑦，虽成必败。舍己而教人者逆，正己而化人者顺。逆者乱之招⑧，顺者治之要。道、德、仁、义、礼，五者一体也。道者，人之所蹈⑨；德者，人之所得⑩；仁者，人之所亲；义者，人之所宜⑪；礼者，人之所

体[12]，不可无一焉。

故夙兴夜寐[13]，礼之制也；讨贼报仇，义之决[14]也；恻隐[15]之心，仁之发[16]也；得己得人，德之路也；使人均平，不失其所，道之化也。

【注释】

①释：放开，放下。

②佚：通“逸”，安逸。终：结果，此处为好结果。

③佚政：即“逸政”，安逸的政策，简单的政策。即“无为之政”，使人民安居乐业、休养生息的政治。

④务：从事，致力。

⑤有：保持，保有。

⑥残灭：残酷暴虐。

⑦造作：指建造宫室园林之类的活动。制：制度所规定的标准。

⑧招：招致，此处为根源、原因。

⑨蹈：遵循。

⑩得：心得。

⑪宜：应该遵守的原则。

⑫体：规矩，规范。

⑬夙兴夜寐：早起晚睡，形容勤奋。

⑭决：决断，决定。

⑮恻隐：同情，怜悯。

⑯发：开端。

【译文】

不先搞好内政就图谋向外扩张的，一定会劳民伤财，无所收获；不从事向外扩张而致力于先搞好内政的，反而能国固兵强，安逸而善终。实行休养生息的政策，就会使臣属忠信；实行劳民伤财的政策，必然招来民众的怨恨。所以说，热衷于扩张领土的，内政一定会荒废；着意广施恩德的，国家一定会强盛；能保全自己原本拥有的，会得到安宁无事；一味贪图别人所有的，就会招来祸殃。政治残暴无度，世世代代都将受害；所作所为超过限度，即使一开始成功了也终将导致失败。不以身作则，只是一味教训别人，便是违背常理；要正人先正己，用实际行动来教育别人，才合乎常理。违背常理是招致灾祸的根源，顺应常理才是安定平稳的关键。道、德、仁、义、礼，这五个方面是相互联系的一个整体。道是人们应该遵循的普遍规律，德是人们从道中所领悟到的心得，仁是人与人之间的互亲互爱，义是人们所应该遵守的原则，礼是人们所应遵守的行为规范。这五个方面缺一不可。

因此，人们每天的生活行动，都要受到礼的约束；讨贼报仇是义的决断；同情怜悯之心是仁爱的开端；正己以正人是修德的途径；让人均齐平等，各得其所，是道的教化。

【原文】

出君下[①]臣名曰命，施于竹帛[②]名曰令，奉而行之名曰政。夫命

失，则令不行；令不行，则政不正；政不正，则道不通；道不通，则邪臣胜[3]；邪臣胜，则主威伤。千里迎贤，其路远；致不肖[4]，其路近。是以明王舍近而取远，故能全功[5]；尚人，而下尽力。废一善，则众善衰；赏一恶，则众恶归。善者得其祐，恶者受其诛，则国安而众善至。众疑无定国[6]，众惑无治民[7]。疑定惑还[8]，国乃可安。一令逆[9]则百令失，一恶施则百恶结。

故善施于顺民，恶加于凶民，则令行而无怨。使怨治怨，是谓逆天；使仇治仇，其祸不救。治民使平，致平以清，则民得其所而天下宁。

【注释】

①出：出自。下：下达。

②施：实施，此处为书写。竹帛：竹简和白绢。古代初无纸，用竹帛书写文字。

③胜：得逞，得势。

④致：招引，招致。不肖：不贤。

⑤全功：成就功业。

⑥定国：安定的国家。

⑦治民：顺从的百姓。

⑧还：罢歇，止息。

⑨逆：违背。

【译文】

君主以口述给臣子下达的指示叫做命，书写在竹帛上的指示则叫做令，遵守并执行命令叫做政。命一旦有了失误，令就不能实行；令一旦不能实行，政就会出现偏差；政一旦有了偏差，治国之道就行不通了；治国之道一旦行不通，奸邪之臣就会得势；奸邪之臣一旦得势了，君主的权威就要受到损害。去千里之外迎请贤能之人，路途是非常遥远的；而招引奸佞之徒，路途却是非常近便。所以，英明的君主都愿意舍近求远，他们便能够成就功业；尊重贤人，臣子也会为他尽心竭力。舍弃一个善良之人，众多的善良之人都会郁闷丧气；奖励一个奸恶之人，许多奸恶之人都会纷至沓来。善人得到保护，恶人得到惩罚，国家就会安定，接着群贤毕至。民众对政治存有疑虑，国家就不会安定平稳；民众对政治惶惑不安，就不会奉公守法，社会就无法治理。只有疑虑消除了，惶惑消失了，国家才能安宁。一项政令违背民意，其他政令就会跟着失去效用；一项坏的政令施行了，就会结下无数的恶果。

因此，对顺民要给予好处，对刁民要加以惩罚，这样一来，政令就能推行下去，百姓也就没有怨言了。用百姓所怨恨讨厌的法令去统治心存怨恨的百姓，这叫做逆天行事；用百姓所仇恨厌恶的措施去统治心怀仇恨的百姓，所带来的祸患是不可挽救的。治理民众要确保公平，而要达到公平的程度，就必须保证政治清明，这样的话，百姓就能各得其所，天下也就太平安定了。

【原文】

犯上者尊①，贪鄙②者富，虽有圣王，不能致其治③。犯上者诛，贪鄙者拘，则化行④而众恶消。清白⑤之士，不可以爵禄得；节义之士，不可以威刑胁。故明君求贤，必观其所以而致焉。致⑥清白之士，修其礼；致节义之士，修其道。而后士可致，而名可保。

夫圣人君子，明盛衰之源，通成败之端⑦，审治乱之机，知去就之节。虽穷不处亡国之位，虽贫不食乱邦之禄。潜名⑧抱道者，时至而动，则极人臣之位；德合于己，则建殊绝⑨之功。故其道高而名扬于后世。

【注释】

①尊：尊贵。指得到尊贵的地位。

②贪鄙：贪婪卑鄙。

③致：达到。治：社会安定、太平。

④化行：教化施行。

⑤清白：品行纯洁，没有污点。

⑥致：招引，招致。

⑦端：缘由。

⑧潜名：隐姓埋名。

⑨殊绝：特出，超绝。

【译文】

犯上作乱的人反而身份尊贵，贪婪卑鄙的人反而更加富足。这样一来，即使有圣明的君王也不可能把国家治理好。只有犯上作乱的人受到诛杀，贪婪卑鄙的人受到拘禁，教化才能得以推行，良好的风气才能树立，各种恶行坏事才能清除。品德高尚的人，是无法用高官厚禄去收买的；有正义感有气节的人，是不能用威刑胁迫的。所以，圣明的君主招求贤人，必须根据他们的志趣特点来采取不同的手段。招求品行高尚纯洁的人，要注重礼节；招求有正义感有气节的人，要注重道义。这样才能招求到贤士，君主的圣名也就能保全了。

德才出众的圣人君子，能够明察兴盛衰弱的根源，通晓成功失败的缘由，洞悉安定动乱的关键，深知进退去留的节度。虽然穷困也不贪图濒亡之国的官位，虽然贫寒也不领取混乱之邦的俸禄。胸怀安邦治国之道的隐匿之士，时机到来立刻采取行动就能位居最高的官职。一旦遇到志同道合的君主，就一定能够建立卓越的功勋。因此，他们能将自己高尚的道德流传于后世。

【原文】

圣王之用兵，非乐之也，将以诛暴讨①乱也。夫以义诛不义，若决江河而溉爝火②，临不测而挤欲堕③，其克④必矣。所以优游恬

淡[⑤]而不进者，重[⑥]伤人物也。夫兵者，不祥之器，天道恶之；不得已而用之，是天道也。夫人之在道，若鱼之在水，得水而生，失水而死。故君子者常畏惧而不敢失道。

豪杰秉[⑦]职，国威乃弱；杀生在豪杰，国势乃竭。豪杰低首，国乃可久；杀生在君，国乃可安。四民用[⑧]虚，国乃无储；四民用足，国乃安乐。

【注释】

①暴：暴虐。讨：讨伐。

②决：排除堵塞物，疏通水道。溉：浇灌。爝（jué）火：炬火，小火。

③临：到达。不测：不可测量，指深渊。欲：即将。堕：掉落。

④克：胜利。

⑤优游恬淡：悠闲自得。

⑥重：看重，重视。

⑦豪杰：引申为社会上有地位有势力的人。秉：把持，掌握，控制。

⑧四民：旧称士、农、工、商为四民。用：物质，日用。

【译文】

圣明的君王举兵打仗，不是好战，而是想用战争来诛灭残暴、讨伐叛乱。用正义去讨伐不义，就像决开江河，让大水去淹没小小的火把，就像在深渊的旁边去推挤一个摇摇欲坠的人，取得成功是必然的。圣明的君王之所以悠闲安逸而不急于出兵，是不愿过多地造成人员和财物的损耗。战争毕竟是不祥之事，是天道所厌恶的；只有在迫不得已的时候进行战争，才符合天道规律。人和天道之间的关系，就好像鱼在水里一样，得到水便能生存，离开水便会死亡。所以，君子要时刻警惕自己，常常心存畏惧，不能背离天道。

豪强之臣执政当权，国家的威严就会削弱；生杀大权掌握在豪强之臣的手中，国势就会面临衰竭。只有豪强之臣俯首听命，国家才能长治久安；只有生杀大权掌握在君主的手中，国家才能安宁稳定。老百姓穷困了，国家就没有储备；老百姓富裕了，国家才能安乐。

【原文】

贤臣内[①]，则邪臣外[②]；邪臣内，则贤臣毙[③]。内外失宜[④]，祸乱传世。大臣疑[⑤]主，众奸集聚。臣当君尊，上下乃昏；君当臣处，上下失序。

伤贤者，殃及三世；蔽[⑥]贤者，身受其害；嫉贤者，其名不全；进[⑦]贤者，福流[⑧]子孙。故君子急于进贤，而美名彰焉。利一害百，民去[⑨]城郭；利一害万，国乃思散。去一利百，人乃慕泽；去一利万，政乃不乱。

【注释】

①内：亲近。

②外：疏远。

③毙：倒下。这里是遭受陷害的意思。

④失宜：不恰当，不适当。

⑤疑：同“拟”，比拟。

⑥蔽：遮蔽，埋没。

⑦进：推荐。

⑧流：延续。

⑨去：离开。

【译文】

任用贤臣，奸臣就会疏远了；任用奸臣，贤臣就会遭到迫害。一旦亲疏处理不当，任用了奸臣，疏远了贤臣，祸患就会延及后世。大臣傲上自比君主，众奸邪就会乘机聚集。臣属居于君主的尊贵地位，朝廷上下就会混乱；君主沦为臣子的卑下地位，上下秩序就会颠倒。

伤害了贤人，祸患将会延及子孙后代；埋没了贤人，自身就会遭受祸害；嫉妒贤人的，自身的名誉也难保全；只有荐贤举能，才能造福子孙后代。所以君子热衷于推举贤人，因而能够让美名显扬。只对一个人有好处但危害了百人的利益，老百姓就会想要离开城郭；只对一个人有好处但危害了万人的利益，全国的百姓就会人心离散；除去一个人却对百人有利，老百姓就会感慕他的恩泽；除去一个人却对万人有利，国政就不会产生混乱。

参考文献

[1] 张亮. 六韬·三略 [M] 南昌：江西教育出版社，2016.

[2] 高爽. 六韬·三略 [M] 沈阳：北方联合出版传媒（集团）股份有限公司，万卷出版公司，2016.

[3] 唐书文. 六韬·三略译注 [M] 上海：上海古籍出版社，2012.

[4] 陈曦. 六韬 [M] 北京：中华书局，2016.

[5] 晓明. 六韬·三略 [M] 武汉：崇文书局，2016.

[6] 崇贤书院. 图解六韬·三略 [M] 合肥：黄山书社，2016.

[7]《国学典藏书系》丛书委员会. 六韬·三略 [M] 长春：吉林出版集团，2011.

附录一　姜太公传略

【原文】

太公望吕尚者，东海上人。其先祖尝为四岳，佐禹平水土，甚有功。虞夏之际封于吕，或封于申，姓姜氏。夏商之时，申、吕或封枝庶[①]子孙，或为庶人，尚其后苗裔也。本姓姜氏，从其封姓，故曰吕尚。

吕尚盖尝[②]穷困，年老矣，以渔钓奸[③]周西伯。西伯将出猎，卜之，曰："所获非龙非螭，非虎非罴；所获霸王之辅。"于是周西伯猎，果遇太公于渭之阳，与语大说，曰："自吾先君太公曰'当有圣人适周，周以兴'。子真是邪？吾太公望子久矣。"故号之曰"太公望"。载与俱归，立为师。

或曰，太公博闻，尝事纣。纣无道，去之。游说诸侯，无所遇，而卒西归周西伯。或曰，吕尚处士[④]，隐海滨。周西伯拘羑里[⑤]，散宜生、闳夭[⑥]素知而招吕尚。吕尚亦曰："吾闻西伯贤，又善养老，盍[⑦]往焉？"三人者为西伯求美女奇物，献之于纣，以赎西伯。

西伯得以出，反国。言吕尚所以事周虽异，然要之为文武师。

周西伯昌之脱羑里归，与吕尚阴谋修德以倾商政，其事多兵权与奇计，故后世之言兵及周之阴权皆宗太公为本谋。周西伯政平，及断虞芮之讼，而诗人称西伯受命曰文王。伐崇、密须、犬夷，大作丰邑。天下三分，其二归周者，大公之谋计居多。

文王崩，武王即位。九年，欲修文王业，东伐以观诸侯集否。师行，师尚父[⑧]左杖黄钺，右把白旄[⑨]以誓，曰："苍兕[⑩]苍兕，总尔众庶，与尔舟揖，后至者斩！"遂至盟津。诸侯不期而会者八百诸侯。诸侯皆曰："纣可伐也。"武王曰："未可。"师还，与大公作此《太誓》。

居二年，纣杀王子比干[11]，囚箕子[12]。武王将伐纣，卜龟兆，不吉，风雨暴至。群公尽惧，唯太公强之劝武王，武王于是遂行。十一年正月甲子，誓于牧野，伐商纣。纣师败绩。纣反走，登鹿台，遂追斩纣。明日，武王立于社，群公奉明水，卫康叔[13]封布采席，师尚父牵牲，史佚策祝[14]，以告神讨纣之罪。散鹿台之钱，发钜桥[15]之粟，以振贫民。封比干墓，释箕子囚。迁九鼎，修周政，与天下更始[16]。师尚父谋居多。

于是武王已平商而王天下，封师尚父于齐营丘。东就国，道宿行迟。逆旅[17]之人曰："吾闻时难得而易失。客寝甚安，殆[18]非就国者也。"太公闻之，夜衣而行，犁明[19]至国。莱侯来伐，与之争营丘。营丘边[20]莱。莱人，夷也，会纣之乱而周初定，未能集远方，是以与太公争国。

太公至国，修政，因[21]其俗，简其礼，通商工之业，便鱼盐之利，而人民多归齐，齐为大国。及周成王少时，管蔡作乱，淮夷畔[22]周，乃使召康公命太公曰："东至海，西至河，南至穆陵，北至无棣，五侯九伯，实得征之。"齐由此得征伐，为大国，都营丘。

（节选自西汉司马迁《史记·齐太公世家》）

【注释】

①枝庶：嫡长子以外的支系。

②尝：曾经。

③奸（gān）：古意为求。

④处士：有才德而隐居不仕的人。

⑤羑（yǒu）里：殷代监狱名。

⑥散宜生：西周开国功臣，“文王四友”之一，与姜尚、太颠等同救西伯姬昌。闳（hóng）夭：西周开国功臣，西伯昌的“四友”之一，与散宜生、太颠等共同辅佐西伯姬昌。

⑦盍（hé）：何不，表示反问或疑问。

⑧师尚父：周武王尊吕尚为“师尚父”。

⑨旄（máo）：古代用牦牛尾装饰的旗子。

⑩苍兕（sì）：古代掌管舟楫的官。苍兕，本义为传说中的水兽名，善奔突，能覆舟，故以此名官为警示。

⑪比干：子姓，比氏，名干，商代帝王文丁的次子，帝乙的弟弟，帝辛（商纣王）的叔叔。

⑫箕子：名胥余，文丁的儿子，帝乙的弟弟，纣王的叔父，官太师，封于箕。

⑬卫康叔：又称康叔，姬姓，卫氏，名封，周文王姬昌与正妻太姒所生第九子，周武王姬发同母弟。

⑭史佚：原名尹佚，尹逸，西周初年太史。策祝：古代祭祀或求神时，以简册祝告鬼神。

⑮钜（jù）桥：商纣王用于存储粮食的仓库。

⑯更始：重新开始，除旧布新。

⑰逆旅：客舍，旅店。

⑱殆：大概。

⑲犁明：黎明。犁，通“黎”。

⑳边：靠近。

㉑因：顺应。

㉒畔：通“叛”，背叛，叛变。

【译文】

太公望吕尚，是东海边上的人。他的先人曾经掌管四方部落，辅佐夏禹治水，立下过汗马功劳。虞舜、夏禹的时候分封在吕地，有的被封在申地，姓姜。夏朝和商朝的时候，申、吕或者被分封给旁支子孙，或者成了平民，吕尚就是他们的后代。吕尚原本姓姜，因随用封邑作为姓氏，因此叫做吕尚。

吕尚曾经十分贫穷，年纪大了，便利用钓鱼的机会求见周西伯姬昌。姬昌打算狩猎，出发前卜了一卦，卦上说：“这次狩猎收获的不是龙、螭、虎、罴，而是一位辅佐王者成就霸业的贤良之才。”姬昌便去打猎了，果然在渭水以北地带遇见了姜太公，二人交谈之后，姬昌非常高兴，说：“我的先代君主太公曾说：‘一定会有圣贤之人来到周国，周国将依靠他得以兴盛起来。’指的就是先生您吧？我太公盼望先生已经很久了。”这是吕尚被称为“太公望”的缘由。姬昌用马车载着他一起回去，并拜他为老师。

有人说，姜太公的学识和见闻都十分广博，曾经在商纣王那里做过官，纣王暴虐无道，姜太公就离他而去。周游列国劝说诸侯，

但没有一个人赏识他，最后才去了西部投奔周西伯姬昌。也有人说，

吕尚原本是一位平民百姓，隐居在东海边上。周西伯姬昌被商纣王拘禁在羑里这个地方，姬昌的手下散宜生、闳夭二人素来了解吕尚的才能，于是请吕尚出山辅佐姬昌。吕尚说："我听闻西伯贤明，又善待有才能的人，我何不投奔到他那儿去呢？"吕尚、散宜生、闳夭三人便去搜罗美女和奇珍宝物，献给商纣王，用以赎回西伯，西伯因而被释放出来，返回自己的国家。上述各种说法在谈及吕尚得以臣事周国的经过虽然各不相同，但在说到他后来成为周文王、周武王的老师一事时却是一致的。

周西伯姬昌从羑里脱身之后，便同吕尚秘密谋划，施行德政以推翻残暴的商朝，谋划的内容大多是用兵的权谋和奇妙的计策，

因此后世在谈论用兵之道以及周朝所使用的秘计权术时，都尊崇姜太公为鼻祖。周西伯执政公正持平，等到他裁决了虞、芮两国的争端之后，诗人称道西伯姬昌是秉承了天命而被称为文王。后来周征伐崇国、须密、犬夷等诸侯国，大规模修建都城丰邑。当时三分之二的天下都归附了周国，大多都是姜太公的谋划。

周文王去世后，周武王即位。九年之后，武王想继承文王未成就的大业，东征伐纣，以试探各诸侯国是不是听从号令。军队出发的时候，姜太公左手持着饰有黄金的大斧，右手握着白牦牛尾为饰的军旗举行誓师大会，说道："苍兕啊苍兕，集合你们的部队和船只，迟到的一律处斩！"于是军队行进到盟津。事先没有约定而到会的诸侯就有八百。诸侯们都说："可以讨伐商纣了。"武王说："征讨的时机没到，还不能讨伐。"便带领军队返回，并与太公一道写了这篇《太誓》。

两年后，纣王杀死了王叔比干，囚禁了箕子。武王准备征讨纣王，用龟甲卜卦，卦象不吉利，风雨突然降临。大臣们都十分害怕，只有姜太公坚决劝说伐纣一事，武王于是便率兵出征。十一年正月甲子日这一天，众军在牧野举行誓师大会，准备讨伐商纣。纣王的军队大败。纣王往回逃，登上鹿台，武王的军队追上来将其杀死。第二天，武王站在神坛前，大臣们手捧净水，卫康叔姬封铺设彩席，姜太公牵着祭祀的牲畜，史佚诵读祭告天地的文书，向天神报告声讨商纣的罪行。武王散发鹿台之中的金钱，发放钜桥粮仓中的粮食，用来救济贫苦的百姓。修整比干的坟墓，释放被纣王囚禁的箕子，迁移象征最高统治权的九只宝鼎，修明周王朝的政治，与天下的老百姓一起除旧布新。在这些事情中，姜太公献的谋略、做的贡献最多。

这时候，武王已经消灭商朝，称王天下，便将姜太公封在齐国的营丘。姜太公东去自己的封地时，在路上住宿，行程迟缓。旅舍的主人就说："我听说时机难以得到但容易丧失。客人您睡得这么安稳，应该不是去封地就职的人吧。"姜太公听到这句话，便连夜穿上衣服赶路，天亮时就赶到了自己的封国。恰好在这时，莱侯率领军队前来进攻，和姜太公争夺营丘。营丘靠近莱国，莱人是夷族，趁着商朝混乱亡国，周朝刚刚建立，还没有来得及安定远方各国的时机，前来和姜太公争夺领土，被姜太公击败。

姜太公到了封地之后，修明政治，顺应当地的风俗习惯，简化礼节，沟通商业和手工业，发展渔业和盐业生产，因而老百姓们都来归附齐国，齐国便成为了当时的第二个大国。到了周成王年少即位的时候，管叔和蔡叔乘机发动叛乱，淮夷也反叛周朝。周成王于是派召康公授权姜太公说："东边到海滨，西边到黄河，南边到穆陵，北面到无棣。所有五等诸侯，九州长官，只要是不服从周王命令的，您都可以去讨伐他们。"齐国从此得到了征伐大权，成为大国，建都于营丘。

附录二　黄石公传略

【原文】

黄石公者，下邳人也，遭秦乱，自隐姓名，时人莫知者。初张良易姓为长，自匿下邳，步游沂水圯[①]上，与黄石公相遇。未谒[②]，黄石公故坠履圯下，顾[③]谓良曰："孺子取履！"良素[④]不知诈，愕然欲殴之，为其老人也，强忍下取履。因跪进焉，公以足受，笑而去，良殊[⑤]惊。公行里所还，谓良曰："孺子可教也。后五日平明[⑥]，与我期此。"良愈怪之，复跪曰："诺！"五日平旦，良往，公怒曰："与老人期，何后也？"后五日早会，良鸡鸣往，公又先在，复怒曰："何后也！"后五日早会，良夜半往。有顷[⑦]，公亦至，喜曰："当如是。"乃出一编书与良，曰："读是，则为王者师矣。后十三年，孺子见济北谷城山下黄石，即我矣。"遂去不见。良旦视其书，乃是太公兵法。良异之，因讲习以说，他人皆不能用。后与沛公遇於陈留，沛公用其言，辄[⑧]有功。后十三年，从高祖退济北谷城山

下，得黄石，良乃宝祠之。及良死，与石并葬焉。

（选自西晋皇甫谧《高士传》）

【注释】

①圯（yí）：桥。

②谒：拜见。

③顾：看。

④素：预先。

⑤殊：特别，很。

⑥平明：天亮的时候。

⑦有顷：过了一会儿。

⑧辄：立即，就。

【译文】

黄石公是下邳人。遇上秦末的战乱，便隐姓埋名，当时的人没有知道他的。当初张良改姓为长，躲藏在下邳，在沂水的桥上散步闲逛，遇到了黄石公。张良还没有来得及上前拜见，黄石公故意把鞋抛到桥下，看着张良说道："小子，下去帮我把鞋取上来！"张良预先不知道是诈，惊讶之余甚至想揍他一顿，但看他年纪大了，才强忍住怒火，走下桥帮他把鞋取上来，然后跪着给他穿上。黄石公伸出脚来，让张良把鞋穿好，笑着离去了。张良感到很惊诧。黄石公大约走出了一里多远的路，又折了回来，对张良说道："小伙子倒是可以教育的！五天后的清晨，你在这里和我会面。”张良更觉得奇怪，但还是跪下回答：“是。”五天后的早晨，张良前去赴约，黄石公很生气地说：“你和老人定下约定，为什么迟到？”又是五天后的早晨，张良天不亮就去赴约了，黄石公却早在那里了，依然生气地说：“为什么还迟到？”又是五天后，张良半夜就去赴约了。过了一会儿，黄石公也来了，高兴地说：“小伙子倒是可以教育的！”于是拿出一本编书给张良，说道：“你回去读它，将来就可以做帝王的老师了。十三年之后，你见到的济北谷城山下的黄石，那就是我。”于是离去，从此再也没出现过。张良天亮翻开书一看，竟然是《太公兵法》。他认为这事很神异，于是把自己的学

说四处游说，但是没有人采纳。后来和沛公刘邦在陈留相遇，刘邦采纳了他的建议，最终成就了功业。十三年之后，张良跟随高祖退到济北谷城山下，果真找到一块黄石，他像对待宝贝似的建祠将黄石供奉起来。张良死后，人们将他与黄石一起埋葬了。